SUPERA

TU CLASE SOCIAL

12 DECISIONES INTELIGENTES QUE DEBES TENER EN CUENTA
ACERCA DEL DINERO

GERARDO E. BLANCO

SUPERA TU CLASE SOCIAL

Publicado y distribuido por:

**eDiciones
BGuzman**
ediciquesbg@gmail.com

ISBN-13: 978-980-7606-01-1
ISBN-10: 980-7606-01-2

Diseño de cubierta: Cyandesign
Fotografía de cubierta y solapas: Jorge Amin

Contacto con el autor:
www.SuperaTuClaseSocial.com
Twitter: @GerardoEBlanco

Primera edición: Octubre 2013

A mi esposa, Dania Bricel;

A mis Princesas, Ruby Geraldin,

Dania Virginia y Jade Amatista;

Y,

A los emprendedores y

clase medias del mundo.

Economía: Leyes del mundo real que explican como el hombre alcanza satisfacer todas sus necesidades.

Gerardo E. Blanco

Cada cual se fabrica su destino

M. Cervantes

CONTENIDO

Gerardo E. Blanco

RESUMEN de las 12 Leyes

#1: APRENDE EL QUÉ, EL CÓMO Y PARA QUÉ DE LA ECONOMÍA
La economía es la plataforma que satisface todas las necesidades humanas; su conocimiento, nos hace más eficiente en la satisfacción de las necesidades.

#2: SE ECONOMISTA + TU PROFESIÓN
Toda persona debe ser un pequeño economista más su profesión en la que es hábil. Lo de economista, es para impulsar su profesión y ser más productivo: Es sacar el mejor provecho de nuestras acciones.

#3: CONOCE HACIA QUE ESTAS DETERMINADO, SEGÚN DONDE VIVES, TRABAJAS, ESTUDIAS Y LO QUE LEES
Las variables sociales donde vive, trabaja, se forma y mundo intelectual del individuo determinan las necesidades y la actividad; y estas, determinan el nivel del ingreso, el cual puede ser: De pobreza, medio o riquezas.

#4: TU SITUACIÓN ECONÓMICA ES SUSCEPTIBLE DE CAMBIO; CONOCE EL MÉTODO
La condición necesaria para generar el cambio: Es que exista la capacidad de satisfacer la necesidad; acompañada, de convencer al cerebro de ello; para que se admita la necesidad y se genere la actividad correspondiente; consecuente, a producir el cambio generador, entre otros, del ingreso.

#5: NO ADELANTES TU FUTURO
La capacidad de la generación del ingreso es determinada por el orden de las etapas económicas y biológicas; si se traspone el orden o se mantiene; con ello, se determina el desarrollo de la capacidad; y con esta, las nece-

sidades y la actividad; y ellas, son determinantes de la generación del ingreso y de la superación de clase. Por lo que deben conocerse y respetar su orden.

#6: ASEGÚRATE DE COMPRENDER LOS PRINCIPIOS BÁSICOS DE LA ECONOMÍA; ELLOS DICTAN, UNA PARTE DE, TU REALIDAD

Las leyes de la economía son igual de efectiva a las leyes de la física; estas, en particular, son absolutamente inviolables, se cumplen y nadie las puede evitar. Con el objeto de promover el avance de clase social, la generación y acumulación del ingreso; estas, deben ser tomadas en cuenta para tal propósito; de lo contrario, no se podrían materializar.

#7: APRENDE A VALORAR TU PRINCIPAL ACTIVO: TU MENTE

La actividad de la mente humana es el factor principal que precede al mundo material. La información, el conocimiento, el pensamiento y el sistema de pensamiento es el primer factor productivo; éste, dicta las acciones al resto de los factores, con el propósito de materializar todo el mundo real. Si pretende elevar las finanzas: debe ser tomada en cuenta.

#8: TUS FACTORES PRODUCTIVOS, CALIFICADOS Y BIEN FORMADOS, SON GENERADORES DEL INGRESO Y DE LAS RIQUEZAS

La generación del dinero se debe a la producción de bienes y servicios; y esta, se debe al empleo de los factores productivos. Lo que significa, que la generación del ingreso y riqueza se origina en la propiedad de los factores productivos. Por lo tanto, se debe poseer, por lo menos, un facto.

#9: CONOCE TU DEFINICIÓN EN LA ECONOMÍA

Saber quién se es; más, quienes son los demás; y los elementos que nos definen como tal en el sistema económico-social: es un paso fundamental para decidir qué hacer y el cómo hacerlo; desconocerlo es no saber qué hacer. Para la promoción de clase se debe ser un P70 o un M70.

#10: SACRIFICA TU CONSUMO Y ASEGÚRATE UN AHORRO

La primera semilla de la generación de más ingresos o riquezas es: Destinar una parte del ingreso al ahorro; de aquí se origina: Más ingresos, el avance de clase social y las riquezas; por lo tanto, se debe sacrificar consumo para ahorrar.

#11: APRENDE EL ARTE DE LAS INVERSIONES

De más inversiones, es que se garantiza una acumulación de capital y, por ende, de un mayor nivel de riqueza. Quienes se propongan la generación del ingreso, el avance de clase social y la acumulación de riqueza deben actuar en este sentido, ser: Inversionistas y emprendedores.

#12: CONOCE LA VIRTUD DE LA REINVERSIÓN

La máquina del dinero ampliada opera con el stock de capital y la reinversión, en modo espiral; y esta, se propone la formación de más capital; con ella, se garantiza un mayor nivel del producto y, por ende, de más ingresos; con el que se genera una mayor riqueza. Con la reinversión la máquina del dinero acelera el crecimiento y la acumulación de la riqueza, por lo que si se quiere superar, las finanzas, deben considerarla.

#12.1: ASEGÚRATE DE DOMINAR LOS PRINCIPIOS BÁSICOS DE LAS FINANZAS

La generación del ingreso y la acumulación de riquezas solo puede lograrse a partir de la educación e inteligencia financiera; y ella, se logra a partir del conocimiento sobre finanzas; lo cual implica: Saber sus principios.

Gerardo E. Blanco

Prologo

3 Formas de Hacer Dinero, generación del ingreso Y1, Y2 y Y3

Y1: Usada por los pobres y clases medias;

Y2: Usada por los ricos; y,

Y3: Usada por los billonarios.

#1: Y1

Es la generación del ingreso que logran producir las personas y las empresas a partir del empleo de los factores productivos; por ejemplo, las personas: Al emplear su Conocimiento-trabajo, generan el ingreso; las empresas: Al emplear los factores productivos (Conocimiento-trabajo, tierra y capital), generan el ingreso.

Este primer nivel de la generación del ingreso en las personas, es ganar dinero por nuestro trabajo; por lo general, Y1 no produce riquezas, al menos de que sean Beisbolistas profesionales, actores de cine o de televisión, cantantes o políticos, entre otros. Saben, la mayoría de las personas pobres y clases medias generan Y1 y se quedan allí, por ello, son lo que son: Pobres o clases medias.

Por su parte, las empresas también generan ingresos en Y1; ello se debe a que estas producen algún bien o servicio; para ello, se valen del empleo de su capital.

Este primer nivel de la generación del ingreso en las empresas es un estadio superior al Y1 de las personas; es decir, la generación del dinero logrado por las empresas es de mayor valor que el logrado por las personas; las empresas en Y1 si pueden producir riquezas de forma limitada, no todas pero si pueden; de forma limitada, porque tienen un determinado capital.

La mayoría de las personas creen que el dinero solo se genera con el trabajo de ellas, por una parte; y también, con la producción de producto o servicio, por parte de las empresas; pero, hay más.

Una vez, que las personas o empresas han, generado el ingreso en Y1; las personas, por su parte y por parte de las empresas, porque estas son propiedad de las personas, enfrentan la decisión de consumo y ahorro; las personas que decidan consumirse todo sus ingresos: No pasan de Y1 y se anclan en su clase social, estos son: los 100% pobres o 100% clases medias; mientras que, los empresarios que decidan gastarse la totalidad de sus beneficios: No pasan de Y1 y se quedan del mismo tamaño, anclados.

#2: Y2

Es cuando las personas o empresas ahorran en Y1 y reinvierten tales ahorros; al reinvertir parte de Y1 es porque se proponen ampliar la capacidad de generación de dinero; y con la reinversión: Se logra. La nueva generación de dinero promovida por la reinversión es: Y2; este es otro nivel de la generación del dinero superior al Y1.

Este nivel se propone el crecimiento, el avance de clase social y las riquezas. Las personas lo hacen cuando reinvierten sus ahorros, parte de sus Y1, en inversiones financieras: Acciones, bonos, etc.; también, cuando invierten en sí misma, en su factor conocimiento (formación para el trabajo); y cuando continúan reinvirtiendo los beneficios de Y1 en Y2. Saben, a nivel de persona solo se puede generar ingresos en Y1 y Y2. Las empresas, por su parte, generan Y2 cuando reinvierten parte de sus Y1 en ampliación del aparato productor, es el aumento del stock de capital fijo; al aumentar el aparato productor, se consigue una generación mayor del producto y, por ende, del ingreso; tal aumento del ingreso, se debe a la reinversión, solo de esta manera es que una empresa puede lograr generar ingresos más altos.

Las personas y empresas que se dediquen a la generación del ingreso en Y2: Es porque se plantean el objetivo de generar riquezas; y con la reinversión ó Y2 se logra: Quien reinvierta, de forma continua, terminara rico.

#3: Y3

Cuando una empresa está en crecimiento y genera ingresos en Y1 y Y2; y se plantea crecer a la máxima capacidad; ésta, debe apalancar su crecimiento con el endeudamiento; bien sea con el sistema bancario o el sistema financiero de valores. Veamos, si la tasa de beneficio que genera una actividad es mayor al costo de financiamiento: Se genera un beneficio neto y, por ende, un aumento del ingreso; aumento promovido por el endeudamiento, esta nueva generación del ingreso es: Y3.

Este nuevo nivel del ingreso, Y3, es objetivo de empresas multinacionales y de empresas nacionales de gran éxito; este nivel, promueve a los billonarios; todos los billonarios, en algún momento, se han apoyado estratégicamente en el financiamiento.

En general, Y1, Y2 y Y3 son las únicas tres formas de generar dinero; también, son las tres magnitudes de la máquina del dinero, literalmente. Para acelerar el crecimiento financiero, para generar riquezas y promover el avance de clase social se debe tener como objetivo Y2 y Y3; y para ello, debemos apoyarnos en la reinversión y en el financiamiento; es de esta manera, que se puede lograr promover las riquezas y el avance de clase; el cómo hacerlo y los detalles, se presenta en **Supera tu clase social**, con un lenguaje de acceso amplio y en forma sencilla, paso-a-paso; de esta forma, puedan lograr información, conocimiento y decisiones de vida y financieras en la generación, crecimiento y acumulación del dinero.

Econ. Gerardo E. Blanco
www.GerardoBlanco.com
www.SuperaTuClaseSocial.com

Introducción

LA MICROECONOMÍA Y FINANZAS DE LAS PERSONAS, su desconocimiento, es una parte del problema de la pobreza y de la involución económica

El Problema

Uno de los problemas más grave que enfrenta la humanidad es la pobreza; tal pobreza, se expresa en la distribución mundial del ingreso y en la distribución mundial de la riqueza de los hogares; ambas se caracterizan por una enorme desigualdad.

Veamos, un estudio del Instituto Mundial para la Investigación de Desarrollo Económico de la Universidad de las Naciones Unidas (UNU-WIDER) [2006] titulado "La Distribución Mundial de las Riqueza de los Hogares" muestra información importante al respecto; para el año 2000 el estudio señala que:

El 1% de la población adulta, de los más ricos del mundo, son dueño del 40% de los activos del planeta, y;

El 10% de la población adulta, de los ricos del mundo, son dueños del 85% de la riqueza del mundo.

En contraste a ello;

El 50% de la población adulta, de los más pobres del mundo, poseen el 1% de la riqueza del mundo, y;

El 90% de la población adulta, de los pobres del mundo, poseen el 15% de la riqueza del mundo.

Ahora, esta desigualdad de la riqueza en los hogares, en dólares, muestran que:

Para formar parte del 10% de los adultos ricos del mundo: Hay que poseer un patrimonio entre 61.000 y 499.999 dólares, y; Para pertenecer al grupo del 1% de los más ricos del mundo: Hay que poseer riquezas por el orden de 500.000 dólares en adelante.

La riqueza de los hogares valorada, en el estudio realizado por la UNU-WIDER, se refieren al valor de los activos (terrenos, inmuebles, acciones); y a estos, se les descuentan las deudas. Lo que da como resultado: La propiedad del capital (el patrimonio).

Las Causas

Las razones del problema son múltiples; pero a pesar de ello, estas se pueden agrupar en dos (2) grandes partes:

1ª, La gestión de la microeconomía y finanzas de las personas (basada en educación), y;

2ª, La gestión política y macroeconómica de los gobiernos (basada en institucionalidad e infraestructura).

En cada una de las partes del problema existe, a su vez, múltiples variables que lo determinan. Un estudio serio de cada una de las partes requiere atención punto por punto; lo que significa, que debe hacerse en varios estudios. Por ello, nosotros, de momento, nos ocupamos en este libro de la parte 1ª: De la microeconomía y finanzas de las personas. No obstante, ello no significa, que no podamos analizar la generalidad y comprensión de las otras dos partes en esta introducción; veámoslo.

En la actualidad, los profesionales expertos de este tema, los economistas, han abordado ampliamente los estudios de las tres partes, con lo cual han determinado las causas y posibles soluciones al problema. Sin embargo, ello es a nivel de estudio, solamente, porque en la práctica los políticos gobernantes hacen poco al respecto de lo que se debe hacer; de modo, que las partes 2ª es de absoluta responsabilidad de los políticos que gobiernan a los países pobres y en desarrollo y, ello a su vez, es responsabilidad de sus electores; así como también la 1ª parte es de responsabilidad de los electores; ello de cierta manera.

De tal modo, que los electores, es decir, las personas que conforman la población de estos países son los responsables indirectos de las gestiones políticas de sus gobiernos, al poner estos al frente de magna responsabilidad; así como también, son responsables directos, en parte, de su microeconomía y finanzas personales.

El punto es, que esta población carece de cultura económica y financiera y, por lo tanto, sus criterios en esta materia son escasos; en consecuencia, los gobernantes elegidos no se ven comprometidos con algo que la sociedad no les exige: Porque una sociedad sin cultura económica, no puede exigir desarrollo económico; de igual forma, las personas sin conocimiento en economía y finanzas, a pesar de que sean profesional en alguna área, no pueden lograr el éxito en sus finanzas; porque como se podría lograr el éxito en algo que no se conoce.

De modo, que las personas y la población en general, en el fondo, son las que determinan su microeconomía y finanzas, como también determinan la gestión política de la macroeconomía y comercio exterior; dado que, el nivel de cultura económica y financiera determina, en parte, el grado de desarrollo económico de las personas, empresas y de las sociedades.

Además de la responsabilidad directa e indirecta de las personas por la no cultura económica; ello es también responsabilidad de los políticos gobernantes y; en cierta medida, es también responsabilidad de los economistas.

De los economistas, en parte, porque la enseñanza de la economía y finanzas se a cercado solo a nivel académico; lo que significa, que son muy pocos los economistas que escriben para la población en general y los que escriben se ocupan de la comunidad científica, de los estudiantes de esta ciencia, de los políticos y de los entes multilaterales; pero, no se ocupan del ciudadano en general: Ello es una de las causas fundamentales, a nuestro modo de ver, del problema de la no cultura económica y; en consecuencia de esta, de la pobreza y de la involución económica en las personas, empresas y en la sociedad. De momento, ocupémonos solo de los economistas; porque de los políticos se ocupa los estudios de la parte 2ª y no están en este trabajo.

Frente a la ausencia de los economistas en la enseñanza económica y financiera y frente al tímido interés que muestra la población en general por el tema: Porque la gente necesita, unas pocas, y porque no hay quien les enseñe. Por tales razones, se han puesto al frente escritores no profesionales del área; los cuales, tratan el tema según sus conocimientos y experiencias. En su efecto, estos han producido cierta cantidad de libros, los cuales prometen cubrir el segmento de finanzas personales con el propósito de enseñar a la población en general el tema del dinero; ello, a pesar de sus limitaciones profesionales sobre el tema.

Entre estos se encuentran: Unos supersticiosos, estos enseñan, por ejemplo, que el dinero es una cuestión de fe, de voluntad, de atracción, de secretos: Esto es, pensamiento mágico "hágase la luz" ello tal vez le funciono a Dios, ¿pero a nosotros...?, entre otras; otros, los emprendedores, enseñan su experiencia personal, por ejemplo, una experiencia particular se propone enseñar la generación del ingreso; los novelistas por su parte, enseñan su experiencia y observación desde su profesión, literarios, por ejemplo, había una vez un hombre rico en cierto lugar, el cual llego a serlo por guardar dinero en un saco; y los padres o madres, simplemente enseñan sus puntos de vista de diferentes ángulos, por ejemplo, que el dinero es una cuestión de leer, de educación, de cerebro y de enseñanza en el hogar por parte de los padres, etc. Cuando en realidad, la generación del dinero es más que todo esto.

A manera de ilustrar lo señalado arriba, les presento una redacción sobre la percepción de la vaca por parte de un joven de 14 años: Los detalles mencionados y la historia lo conseguimos en "Cuentos que curan" de Ortín y Ballester (2009):

LA VAQUITA
"... La vaca es un mamífero. Tiene seis lados, el de la derecha, el de la izquierda, el de arriba y el de abajo. De la parte de atrás tiene un rabo del que cuelga una brocha. (...) Por la parte de abajo tiene la leche. Está equipada para que se la pueda ordeñar. Cuando se la ordeña la leche viene y ya no para nunca. ¿Cómo se las arregla la vaca? Nunca he podido comprenderlo, pero cada vez sale con más abundancia. El marido de la vaca es el buey. (...) Cuando tiene hambre muge y cuando no dice nada, es que está llena de hierba por dentro. (...) La vaca tiene un olfato muy desarrollado, por lo que se la puede oler desde muy lejos. Por eso el aire del campo es tan puro." (p. 36).

Más o menos es lo que he conseguido en numerosas lecturas, en diferentes títulos, que se proponen enseñar sobre el dinero. Saben, siempre me ha llamado la atención el tema del dinero e incluso antes de formarme como economista, tal vez, porque nací y crecí en una familia de clase trabajadora o por mi preferencia al estudio de la economía; por las razones que sean he leído y revisado muchos libros sobre este tema y he conseguido incontables incongruencias. Ello significo para mí una determinación: Darle una respuesta a las personas interesadas en el tema del dinero.

Una Respuesta
A partir de analizar el problema y sus causas, señaladas arriba de forma breve, surge una respuesta; el proyecto: *Supera tu clase*; de mi autoría. Del cual, este libro forma parte.

Supera tu clase está dirigido a todas las personas en general, al emprendedor y al empresario. Para su estudio no se requiere ningún conocimiento previo en economía, finanzas e inversiones; está escrito con un lenguaje sencillo, claro y breve que facilita su comprensión; y se propone, enseñar los tres niveles Y1, Y2 y Y3 de la generación y acumulación del dinero y de las riquezas; para que de esta forma, puedan superar el nivel de sus finanzas personales y empresariales.

Supera tu clase

La ciencia es el conocimiento supremo de todas las cosas; lo que significa, que su conocimiento es una supremacía ante la más rica experiencia: Por muy rica que sea una experiencia siempre va hacer una pequeña parte de la realidad; mientras que, la ciencia es el conocimiento entero más próximo a la realidad. Entonces, la ciencia nos garantiza el conocimiento más cercano a la realidad. Por ello, **Supera tu clase** lo hemos estructurado bajo los lineamientos pautados por la ciencia económica y financiera. Modestamente, gracias a que cuento con solvencia profesional en el área.

Para poder lograr los objetivos planteados, enseñar: la generación y acumulación del dinero y de las riquezas, en sus tres (3) niveles Y1, Y2 y Y3, a la población en general, al emprendedor y al empresario **paso-a-paso**, es decir, paso 1 seguido del paso 2 y sucesivamente; y siguiendo el propósito de formarlos para que logren sobreponerse a la pobreza y a la involución económica en sus diferentes clases sociales; ello exige que tengamos en cuenta, que la superación de clase va de la mano con la información, el conocimiento, el pensamiento y el sistema de pensamiento en economía y finanzas más sus profesiones, es decir:

Educación financiera + formación para el trabajo

Saben, la generación del dinero y la acumulación de riqueza nos conlleva a la superación de la clase social; y esta se determina, en parte, en el conocimiento económico y financiero. Lo cual se debe a que existe una relación positiva entre la generación y acumulación del dinero y el conocimiento económico financiero: Uno es consecuencia del otro; el sentido que tome su conocimiento en economía y finanzas, el cual puede ser: nada, poco, regular o suficiente va hacer el mismo para su capacidad en la generación y acumulación del dinero: nada, poco, regular o suficiente. En la medida que el conocimiento de ambas, economía y finanzas, sea mayor, en esa medida se avanza en la generación del dinero y en la acumulación de riqueza.

En seguida les presentamos la organización de este trabajo.

Supera tu clase social

En este libro, desarrollamos el estudio de la generación y acumulación del ingreso-riqueza; la cual fundamentamos, básicamente, en dos principios:

El primero, que el valor del dinero se deriva de la producción de bienes y servicios; y esta, se debe al empleo de los factores productivos, estos son: Conocimiento-trabajo, tierra y capital. Tales factores, son organizados y dirigidos por el factor rector: El Conocimiento; esta rectoría, lo convierte en la determinante principal de este principio.

El segundo, una vez generado el ingreso, este va a tener dos usos: El consumo y el ahorro; para la formación de riqueza el destino ahorro es la opción. Por definición, el ahorro es igual a la inversión, en la forma más básica. Lo que significa, que en esta parte la generación y acumulación del dinero se determina a partir de los gemelos: Ahorro e Inversión; y la capacidad de desarrollo de estos, también, se determina a partir del factor rector: El Conocimiento; especialmente, el conocimiento en economía y finanzas + su profesión.

Estas dos verdades forman parte de los departamentos económico y financiero; y explican la generación del dinero y las riquezas de las personas, empresas, naciones y del mundo en su conjunto.

Para poder estudiar estas dos verdades, es preciso hacer una breve introducción a las variables: economía básica; acondicionamiento social; la condición mental; el desarrollo personal, y; el orden de las etapas económicas (formación, empleo y cesantía del factor conocimiento-trabajo) y las del ciclo biológicos (crecimiento y reproducción). Y lo llamamos: el fundamento de la generación y acumulación del dinero.

En esta parte, en detalle, mostramos: La importancia de la economía en la vida de las personas; para entender como el hombre logra satisfacer todas sus necesidades, entre otras: La de generar ingresos y la de poseer riqueza. Seguido del estudio de la necesidad, de la capacidad y de la actividad; objeto de la condición humana. Así también, los principios económicos; para entender los hechos o fenómenos económicos y su inviolabilidad. Y finalmente, se presenta la condición mental, el conocimiento y el pensamiento; para comprender los requisitos necesarios previos a la acción humana, conducentes estas al logro de objetivos: generar dinero y poseer riquezas. Todo ello, se presenta en la primera parte de este libro, los 4 primeros capítulos.

En la segunda parte, exponemos: Los dos principios económicos-financieros de la generación y acumulación del dinero, señaladas más arribas.

Es importante reseñar, de forma breve, las:

Nuevas variables que se suman a las 3 formas de hacer dinero (Y1, Y2 y Y3)

Parte del estudio de las nuevas variables señaladas en el libro, explican:

#1: Que el desarrollo de la capacidad humana determina las necesidades; y estas, determinan la actividad del hombre; y ambas son determinantes; dado que, si las personas no tienen capacidad de algo, no admite la necesidad y, por lo tanto, no generan la actividad; y sin actividad no se podría determinar ingresos. Por lo que debemos desarrollar la capacidad, formarnos para la producción; y con esta, admitir nuevas necesidades de clases superiores, como por ejemplo: el emprendimiento de una actividad productiva, o la iniciativa en inversiones de valores, etc.

#2: Que la generación del dinero se debe al empleo de los factores productivos (conocimiento-trabajo, tierra y capital); lo que va a determinar la producción de bienes y servicios; de esta, se origina el dinero; y la generación del dinero les corresponde a los propietarios de los factores productivos. Lo que significa, que todas las personas son dueña, de por lo menos, un factor: el trabajo; que le falta a ello: formación y calificación para admitir la necesidad y generar la actividad correspondiente, conducente a la generación del dinero.

#3: Que las variables sociales donde vive, trabaja, se forma y mundo intelectual de las personas, determinan las necesidades; y estas, se dijo, son determinantes del ingreso. Explica que el acondicionamiento social determina necesidades de clases pobres, medias y ricas; sin embargo, el mundo interno intelectual de las personas puede sobreponerse y superar el acondicionamiento social: cuando se enrique el intelecto. Por lo que se debe enriquecer con información de economía, finanzas, inversiones y su área profesional o técnica: si pretendemos lograr incrementar las finanzas. Las clases pobres y medias, en los países pobres y en desarrollo, leen poco o nada; mientras que, las clases medias de los países desarrollados leen, una parte significativa, novelas; en estas condiciones, no se especializa el intelecto en la generación del dinero y, por ende, no pueden sobreponerse al acondicionamiento social donde hacen vida.

#4: Que el orden de las etapas económicas (formación, empleo y cesantía del factor trabajo) y biológicas del individuo (crecer y reproducirse) son determinantes de la generación del dinero; dado que, si las personas trasponen el orden o lo mantienen; con ello, determina el nivel de desarrollo de su capacidad; y con este, la necesidad y la actividad; y estas, se dijo, son determinante de la generación del dinero y, por ende, del estancamiento o avance de clase social. Un gran porcentaje de las clases pobres y medias invierten el orden de estas, en su lugar, se reproducen (crean familia) antes del crecimiento y de la formación, lo que les genera un gasto monetario antes de tiempo, por lo que se ven forzados a emplearse antes de formarse; limitando así la capacidad en su formación y, por lo tanto, generan ingresos de niveles bajos, de esta forma se perpetúan en sus clases sociales. La lección es que nadie debe: adelantar su futuro (Ley #5), todo en su debido momento.

Los Capítulos

Cada uno de los ocho (8) capítulo que forman este libro han sido diseñado pensando en la forma más adecuada para transmitir la enseñanza. En tal sentido, los capítulos quedaron estructurados en cuatro secciones; veamos:

Definición de herramientas, en principio, los capítulos se inician con una breve introducción; y luego, es seguido de las definiciones necesarias requeridas por lo que señala el tema del capítulo. Una vez comprendidas estas, pasamos a:

La Lección, la regla o ley, esta va a simplificar el mensaje pretendido por el capítulo, que a posterior vamos a enriquecer con:

Consideraciones Prácticas, en esta tercera área, aplicamos las definiciones y la lección en la vida práctica de las personas con ejemplos y de la forma más sencilla; también, en los casos que sean necesarios abordamos algunas definiciones de herramientas que permitan la mejor comprensión. Al finalizar esta parte, lo hacemos con:

Una breve conclusión, en un párrafo esta nos recuerda en síntesis los objetivos y su alcance por lo cual estudiamos el capítulo; y con esta, también, le ponemos punto final al apartado. Seguido de esta se inicia un nuevo capítulo.

Finalmente, no nos queda más que darles la bienvenida a la lectura de *Las 12 Leyes que promueven la superación de tu clase social*; en· **Supera tu clase social**

"Si pudiéramos darnos cuenta primero en donde estamos y hacia dónde vamos, seriamos más capaces de juzgar que hacer y cómo hacerlo".

(Abraham Lincoln)

Econ. Gerardo E. Blanco
www.GerardoBlanco.com
www.SuperaTuClaseSocial.com

Gerardo E. Blanco

Parte I:

EL FUNDAMENTO DE LA GENERACIÓN Y ACUMULACIÓN DEL DINERO

Gerardo E. Blanco

1. **ECONOMÍA**: Leyes del mundo que rigen la actividad del hombre

[En esta primera parte, los capítulos del 1 al 4, presentamos una breve introducción sobre: La economía; la necesidad humana, la capacidad y la actividad; la ley económica y la ley de la generación de riqueza; y, la condición mental junto con el conocimiento. Las cuales, son fundamentales para poder introducirnos en el estudio de la teoría económica de la generación del ingreso y de su acumulación. Este análisis va a estar alineado en las finanzas personales, especialmente, con el propósito de dar una base fundacional a este estudio]

El estudio de la economía pasa por entender: Primero, que se debe a la existencia del hombre; y este, es un ser racional, ello lo hace diferente del animal. Los animales no trasforman la naturaleza para mejorar su condición de vida, simplemente viven en ella, están allí; el hombre si la transforma y no solo está en la naturaleza. Segundo, la vida del hombre, por su condición de ser vivo y racional, depende o se debe a que este tiene la imposición de lograr satisfacer necesidades, las cuales le permitan mantener y prolongar la vida de manera cómoda.

Para que las necesidades del hombre puedan ser satisfechas; estás van a depender de la actividad; y la actividad va a depender de la comprensión, que se tenga en su época, de las leyes del mundo que rigen la actividad del hombre, esto es, entre otras: La economía.

> *Las leyes del mundo que rigen la actividad del hombre*, no se refieren a las leyes jurídicas, aunque ellas también se derivan de estas; a lo que si se refieren es: A las formas que el hombre usa para lograr obtener algo, P. Ej. La producción de bienes, en la forma que se produce es la ley; las reglas de la sociedad es la ley; las reglas de intercambiar mercancía es la ley; como se satisface la necesidad de comer, es la ley. etc.

Si el hombre logra entender las leyes que rigen su mundo, en el desempeño de su actividad: Podrá crear y generar los cambios, en la medida que las logre comprender. Entonces, ello va a depender de su grado de conocimiento en economía, entre otras. Economía es: Leyes que rigen la actividad del hombre.

| 1 | •Comprenda las leyes del mundo que rigen la actividad del hombre: la economía. |

Sabiendo ya el motivo y a que se debe la existencia de la economía: El motivo es satisfacer las necesidades humanas; y se debe al hombre. Pasamos a comprender que significa la economía como ciencia y creamos, a partir de ella, una definición general; que una vez comprendida, tendremos la lección de ella y lo fundamental de su significado en la vida práctica de las personas.

Ciencia y Economía:
Para Bunge, M. (1995) la interpretación de la dependencia entre hombre, mundo y ciencia figura la producción, en palabras de este: La invención y manufactura de bienes; en la que se usa la ciencia como actividad, y hace presencia la tecnología, en la mejora de la producción, esto es: Ciencia de la economía.

Un mundo le es dado al hombre. Amasa y remoldea la naturaleza sometiéndola a sus propias necesidades; construye la sociedad y es a su vez construido por ella; trata luego de remoldear este ambiente artificial para adaptarlo a sus propias necesidades animales y espirituales, así como a sus sueños: crea así el mundo de los artefactos y el mundo de la cultura. La ciencia como actividad; como investigación; pertenece a la vida social; en cuanto se aplica al mejoramiento de nuestro medio natural y artificial, a la invención y manufactura de bienes materiales y culturales, la ciencia se convierte en tecnología. (Bunge, M. 1995; 11-12).

Hombre ➕ Mundo ➕ Ciencia ⟌ Producción (Economía)

Si la ciencia es el conocimiento cierto de las cosas por sus principios y causas, que se adquieren a través de un proceso metódico. Por lo que decimos: Que la ciencia es el conjunto de conocimientos que se tiene sistemáticamente por un área de estudio. Y entendemos, además, que la ciencia es la máxima del conocimiento humano. Fijamos esta apreciación general de la ciencia, dado que, la economía pertenece a la ciencia.

Una primera definición corta y precisa de Economía: Es una ciencia social que estudia el conocimiento sobre la forma en que el hombre logra satisfacer sus necesidades; y con ello, el bienestar.

El Diccionario, hace las siguientes referencias al término de economía: Economía es la administración recta y prudente de los bienes; dice también, economía es la riqueza pública, conjunto de ejercicios y de intereses económicos; y que de igual forma, economía es la estructura o régimen de alguna organización, institución o sistema; también, hace referencia a la escasez o miseria; sigue, economía es la buena distribución del tiempo y de otras cosas inmateriales; economía es ahorro de trabajo, tiempo y dinero, etc.; economía es reducción de gastos en un presupuesto; economía para los mercados: Es el sistema económico en el que los precios se determinan por la oferta y la demanda; economía para la política: Es la ciencia que trata la producción y distribución de la riqueza. (Real Academia Española, 1998).

De lo anterior, se podría expresar el concepto de economía, de la manera siguiente:

Economía: Es administrar bienes; es la riqueza pública; es el régimen u organización o sistema en el que vivimos; es escasez; es distribución del tiempo; es ahorrar trabajo, tiempo y dinero; es disminuir el gasto o presupuesto; es precios, oferta y demanda de productos; es producir y distribuir riquezas.

Entonces, podemos decir que la economía es el estudio que trata: Primero, la asignación eficiente de los recursos y factores productivos, para generar productos de bienes y servicios, con vista a las limitaciones de los mismos; se refiere, a que estos son escasos y deben ser administrados con eficiencia para no incurrir en pérdidas innecesarias.

Segundo, el aprovechamiento de los recursos que yacen en la naturaleza y el empleo de los factores productivos se deben a la producción de bienes y servicios para satisfacer las necesidades humanas.

Y tercero, una vez asignado los recursos y empleado los factores productivos y generados los bienes y servicios, se obtendrá una distribución de las riquezas en función del esfuerzo que realice cada persona, familia, empresa, sociedad o país, en la participación de la producción de bienes y servicios: En esa medida cubrirán la satisfacción de sus necesidades.

La economía estudia, como dijimos al principio, la forma en que el hombre logra satisfacer sus necesidades; la búsqueda del bienestar es el objeto de estudio de la economía; y esta, depende de que logremos conocimiento sobre ella, para decidir mejor y con ello se obtiene maximizar el bienestar.

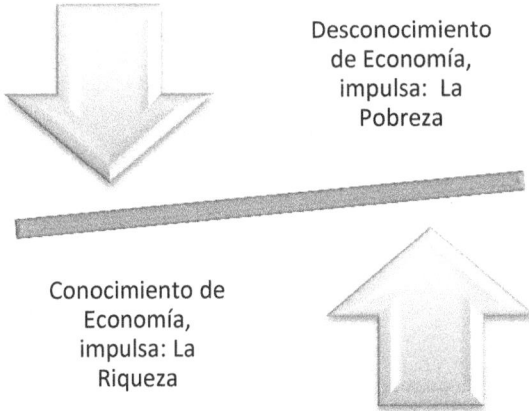

Desconocimiento de Economía, impulsa: La Pobreza

Conocimiento de Economía, impulsa: La Riqueza

De acuerdo a lo expuesto, podemos sintetizar: La economía existe porque los seres humanos tenemos necesidades que satisfacer; ellas son el motivo de la economía, el cual, es satisfacer las necesidades humanas. Para satisfacerlas, existen los productos: Bienes y servicios; Estos, se convierten en el motor que mueve al mundo, nadie escapa a ello, todos estamos inmerso en las necesidades de los productos, es decir: En la economía.

Entonces, entendemos que la economía existe a partir de las necesidades humanas; y las necesidades humanas existen a partir de la vida del ser racional, del hombre: Es decir, la economía existe porque existe la vida racional (humana).

Finalmente, la forma en que los seres humanos nos relacionamos con la finalidad de crear productos: Es la regla o el campo de estudio de la economía; y lo que sabemos de ella, es porque nos hemos puesto a observar y pensar (razonar) el modo de proceder de los hombres, de las familias, de las empresa, del país y del resto del mundo: Si, en la forma que estos interactúan con sus iguales; para buscar el interés individual y colectivo; para intercambiar; para organizar la familia, la empresa y la sociedad o país, e incluso el mundo en su conjunto, esto es: El estudio de la economía.

1ª

LEY

APRENDE EL QUÉ, EL CÓMO Y PARA QUÉ DE LA ECONOMÍA

LA ECONOMÍA ES LA PLATAFORMA QUE SATISFACE TODAS LAS NECE-SIDADES HUMANAS; SU CONOCI-MIENTO, NOS HACE MAS EFICIENTE EN LA SATISFACCIÓN DE LAS NE-CESIDADES.

CONSIDERACIONES PRÁCTICAS

Tal vez, sea necesario que, hagamos un ejercicio coti-diano, en el día a día para comprender mejor la econo-mía en nuestras vidas. Cuando una persona despierta en la mañana, cada día, ¿qué hace?: Se sienta en la cama y enciende la luz (productos mobiliario y servicios); se dirige al baño a cepillar los dientes, se lava la cara o se ducha (usa productos de higiene personal); se viste (productos textiles); desayuna (productos alimenticios); sube a su auto, el cual ha obtenido a crédito, de contado o a uno público, para ir al trabajo (producto servicio de transporte).

Una vez en el trabajo, pone en operación sus conoci-mientos y habilidades laborales, para lo que contribuye en la producción de algún bien o servicio; lo cual, le re-tribuirá una remuneración o ingreso (dinero: Para com-prar bienes y servicios) [garantía de vida]; al terminar la jornada de trabajo, usa el transporte nuevamente.

Tal vez, al salir del trabajo, haga alguna cosa pen-diente o vaya a la casa (bien inmueble), lugar de des-canso que le proporciona seguridad y tranquilidad, en donde: Ve un poco de tv, o lee algún libro (productos de entretenimiento e intelectuales). Sigue, los días no labo-rales, pueda que vaya de compra al supermercado (pro-ductos varios, incluye los del hogar); o, vaya de compra a un centro comercial (productos varios); o, se distraiga yendo al cine o a la playa (productos o servicios de entretenimiento); o tal vez, haga trabajo extra para mejorar el ingreso. Hasta aquí hacemos referencia a la vida o economía de una persona.

Simultáneamente a la economía de esta persona, se encuentran los mercados, formados por industrias fabriles y comerciales, entre otras, a escala local, nacional e internacional que proporcionan la pequeña representación de productos en el ejercicio; no obstante, es evidente que la cantidad de productos en el mundo real son innumerables. Si nos percatamos de todo el escenario, desde una vista aérea, podríamos ver a la persona del ejemplo: Insertada como una pieza microscópica (una hormiga) dentro de un sistema mundial; donde, la observación de un astronauta (un hombre observa al planeta desde el espacio) puede ver: Que el planeta está organizado de tal manera, que la máquina de la economía no se detiene ni por un segundo; cuando la mitad de la tierra, su población, duerme y descansa, la otra mitad releva la guardia, así, la máquina de la economía no se detiene ni un segundo.

Desde que abrimos los ojos hasta que los cerramos, al acostarnos, todo lo que hacemos es esforzarnos para poder producir ingresos con la finalidad de cumplir con nuestras necesidades. La vida de una persona se desarrolla toda en la economía, intentando cubrir sus necesidades; con lo que persigue además, alcanzar una mejora continua del bienestar de vida.

La vida del ser humano es toda una necesidad: La vida camina de la mano con las necesidades, son inseparables, son una sola como un cuerpo; sí, la vida y las necesidades son una sola porque todo ser vivo tiene necesidades y, por lo tanto, la vida humana las tiene. De tal forma, que la vida depende de que se satisfagan las necesidades, es propio de la vida misma; entonces, la vida gira y se desarrolla en busca de satisfacer sus necesidades; y el satisfacer las necesidades va de la mano con la economía, son inseparables, de forma indirecta la economía forma parte de la vida misma.

Cuando decimos, de forma indirecta, es porque lo que buscamos en un determinado momento, es por ejemplo: El amor en una pareja; el placer de algún hobby, el placer de viajar o vacacionar; o lo que buscamos es preservar la vida con un tratamiento médico, porque estemos enfermo; o lo que buscamos es mantenernos en libertad, porque estemos siendo demandado penalmente: Todos estos ejemplos tienen un costo monetario, y para que lo podamos ejecutar o materializar, como queremos o como podamos, a plenitud o en condiciones precarias; necesitamos contar con la economía. De tal forma, que los requerimientos de los ejemplos los: Necesitamos de forma directa; pero, indirectamente: Necesitamos es a la economía para poder cubrirlos.

Es pues, que la economía es el vehículo que lleva todo lo que necesitamos, por lo menos la mayor parte; y si una persona se propone cualquier objetivo: Debe apoyarse en la economía para materializarlo.

Lo que significa, que nadie vive para comer, se come para vivir; como, nadie vive para la salud, se usa medicamento para mantenernos sanos y vivos: Es así, como la economía se usa para satisfacer todas nuestras necesidades, de forma indirecta.

2	•Todo objetivo en la vida: Debe apoyarse en la economía para materializarlo.

Indirecta, porque el dinero no tiene utilidad directa, es decir, nadie come dinero, si las personas comieran dinero, entonces, el dinero fuera un bien que satisface necesidades de forma directa; y ello no es así. Realmente se necesita el dinero para comprar alimentos, bienes y servicios que si representan la satisfacción directa de las necesidades.

La utilidad del dinero o de la economía se derivan; de que este o esta, son el medio que permite adquirir los bienes y servicios con lo cual el hombre logra satisfacer todas sus necesidades. Es tan importante como los bienes y servicios mismos, dado que, sin el dinero no se puede obtener los mencionados bienes y servicios y; con ellos, la satisfacción de necesidades; de las cuales, se derivan la tranquilidad y el bienestar de vida: La economía es fundamental en la vida humana.

Analizando la economía como la base en la que se sientan todas las necesidades humanas; y partiendo de ese cimiento o fundamento una persona, familia, sociedad o país logra satisfacer todas sus necesidades. El que logre conocer y entender a la economía, esta le exhibirá como trofeo: el avance de clase social y las riquezas al que posea su conocimiento.

2ª
LEY

SE ECONOMISTA + TU PROFESIÓN

CONOCER ECONOMÍA NO SIGNIFICA QUE NOS CONVIRTAMOS EN ECONOMISTA DE UNIVERSIDAD; LO QUE SIGNIFICA, ES QUE SEAMOS ECONOMISTA DE NUESTRA VIDA Y NEGOCIOS, QUE TENGAMOS UN CRITERIO CIERTO DE LAS COSAS, POR NOSOTROS MISMOS: TODA PERSONA DEBE SER UN PEQUEÑO ECONOMISTA MAS SU PROFESIÓN EN LA QUE ES HÁBIL. LO DE ECONOMISTA, ES PARA IMPULSAR SU PROFESIÓN Y SER MÁS PRODUCTIVO: ES SACAR EL MEJOR PROVECHO DE NUESTRAS ACCIONES.

CONSIDERACIONES PRÁCTICAS

La satisfacción de nuestras necesidades se corresponden con el resultado de un buen manejo de la economía; y este, se fundamenta: En procesar información económica, e inherentes a esta, para adquirir conocimientos de ella; y con este conocimiento aumentar el bienestar económico, lo cual es poseer dinero que adquieran bienes y servicios; para que estos cubran nuestras necesidades, las del presente, las del futuro, los imprevistos y los lujos, si fuere posible.

El buen entendimiento y comprensión de la economía es un requisito para que esta sea positiva y no adversa en nuestras vidas, dado que, su desconocimiento podría producir daños a las finanzas personales y a las unidades de negocios, inclusive a un país; una persona que tenga conocimiento de la inflación, por ejemplo, podrá comparar si el aumento de su sueldo y salario, en un determinado año, fue inferior, superior o igual a la inflación. Veamos su importancia.

¿Qué es Inflación?:

Es el aumento progresivo y generalizado de los precios de los bienes y servicios que conforman una canasta de productos, en un periodo determinado, por lo general, un año. La inflación es, además, un indicador que mide el encarecimiento de la vida.

Seguimos, si la inflación fue de 9% y el aumento del salario fue de un 5%, esta persona sabrá que: 5% — 9% = —4% de pérdida del poder adquisitivo y, también, deberá saber que el Gobierno tiene, en parte o casi toda, la responsabilidad en su pérdida.

Efectivamente, una persona con este conocimiento, sobre inflación, puede analizar y prever sus decisiones al respecto, tanto las individuales como las colectivas; esta última, las colectivas, en el sentido de elegir mejor a sus gobernantes y mantener estos bajo observación para que gestionen la economía de forma correcta.

Es pues que, unas de las decisiones que se podrían plantear es exigirle al gobierno que disminuya su presupuesto; y que este, no se financie con dinero inorgánico. Dado que, estas son unas de las principales causa responsable de la inflación o pudiese esgrimir otro motivo: Según sea el causante de dicha inflación, en cualquiera de los casos, el responsable es el Gobierno: Las personas, por lo general, no generan inflación; los Gobiernos, comúnmente, sí.

¿Qué es Dinero Inorgánico?:

El dinero total que está en circulación, la emisión de dinero, debe ser respaldado por el valor monetario de la producción total de bienes y servicios. Por ejemplo, si la producción total de una economía fuese un zapato y su precio al detal fuese de 100 dólares, entonces, la autoridad monetaria tendría que imprimir y poner en circulación dinero por la cantidad de 100 dólares; Así:

Precio del producto = Dinero en circulación

100 = 100

Cuando 100=100 no hay inflación.

En contraste, si la autoridad monetaria imprime y hace circular más de lo correcto (100 dólares), como por ejemplo, 110 dólares, tendremos 10 dólares inorgánicos que no tienen respaldo real en la producción; y ello, conduce a una inflación, inflación del 10%.

Aclaramos que, la explicación técnica es un poco más compleja, dado que, intervienen otras variables (velocidad de circulación del dinero) que reacomodan la igualdad explicada; pero, para nuestros fines y nivel de explicación es suficiente saber que la cantidad de dinero en circulación debe corresponderse al nivel de la producción de bienes y servicios.

Ahora, la razón por la cual el Gobierno imprime dinero más de lo necesario: Es para financiar su presupuesto de manera incorrecta. Lo correcto, es que lo financie con los impuestos.

Continuamos, como la inflación es un fenómeno que afecta a todos los habitantes de un país, en particular; estos al tener conocimiento de ella, podrían generar una presión política y obligar al Gobierno a gestionar la economía de una forma más adecuada, sin crear las enfermedades de la misma. Fundamentalmente, esta es la opción de la fuerza laboral o electores frente a los gobiernos; además de elegir a gobernantes más responsables que muestren habilidad y preocupación por la sana gestión de la economía.

[**Recuerden,** que las políticas macroeconómicas (inflación, desempleo, producto y dinero, entre otras) y las de comercio exterior (importación, exportación y el valor de nuestra moneda frente otras, etc.) son de responsabilidad de los políticos gobernantes y, también, son nuestra responsabilidad al elegir a estos. Pero, si nosotros tenemos conocimiento de estas; entonces, los políticos se ven obligados a responden por ellas, sino no.

Por lo tanto, su conocimiento es fundamental, dado que, el problema de la pobreza y el no avance de clase social, una parte, se debe a las políticas públicas; y otras, a su conocimiento por parte de nosotros. En definitiva, se debe a nosotros, porque nosotros nos determinamos así mismo y, a su vez, determinamos a lo político.]

¿Qué es Macroeconomía?:

Es el estudio de la economía en su conjunto; por ejemplo, estudia la magnitud de las variables: Consumo, de las familias; inversión, de las empresas; el gasto, del sector público; las exportaciones e importaciones, de la economía; la inflación; el desempleo; entre otras variables. Todo ello, en forma agregada o global, en suma, a nivel de país.

Seguimos, la sana gestión de la economía es indispensable para el desarrollo de las finanzas personales, familiares, de empresas y de la sociedad en su conjunto, el país; dado que, todos estamos interconectados en un sistema: El país o el mundo mismo; no somos entes aislados: Las acciones positivas o adversas de unos afectan al conjunto o al todo.

De igual forma, si una persona tiene información y conocimiento sobre las diferentes tasas de intereses, la cual, pagan por un certificado de depósito u otro activo financiero; sabrá dónde poner su dinero: La mayor tasa de interés, con igualdad de riesgo, en busca de maximizar el beneficio, y; también, sabrá si ese interés al compararlo con la inflación: Le generara una ganancia o una perdida.

> **¿Qué es Tasa de Interés?:** Es el precio del dinero que se paga o cobra por un préstamo o colocación de depósito en los bancos u otros. Lo que viene siendo también el costo o beneficio del dinero.

De generarle una perdida; sabrá, que debe haber otras opciones de inversión en su economía o en otros países que le permita generar una utilidad y no una perdida, por ejemplo: Una persona puede vivir en Brasil u otro país y tener un activo financiero en Estados Unidos de América, en Japón o en cualquier otro país donde esté presente la oportunidad [*]; ello sin necesidad de moverse de su país.

[*] Ello lo vamos a enseñar en el **Manual Práctico de Inversiones,** el cual forma parte de este Curso.

Lo que significa, que nadie está obligado a asumir una pérdida por estar situado en una determinada economía (país): Las personas tienen opciones y se las da la información y el conocimiento de economía.

Así mismo, si en un país, en particular, se presenta una situación adversa a la tasa de interés real, como se señaló anteriormente: Que la inflación sea mayor a la tasa de interés de su activo. Entonces, una persona, en esta situación, no está obligada asumir las pérdidas que le proporciona una tasa de interés real negativa; dado que, puede manejar esta situación con otras opciones de inversión en su economía o en otras economías, de poseer conocimiento e información de economía.

¿Qué es Tasa de interés real?: Es la diferencia de la tasa de interés y la tasa de inflación. Por ejemplo: interés — Inflación = *interés real*; si es positivo: genera utilidad, y si es negativo: genera perdida.

Se ha explicado la importancia de conocer la relación de interés e inflación y su geografía para operar en cualquier parte del mundo; esta información nos puede hacer aumentar o disminuir nuestro capital: Acumular riqueza o empobrecernos.

Asesor Económico:
Por otra parte, sabemos que en el día a día hay personas, e incluso profesionales, que solo se dedican a generar ingresos a partir de su trabajo; y con ello, adquirir bienes y servicios para satisfacer sus necesidades; pero,

no le prestan atención a la economía ni a sus finanzas personales de una manera seria y responsables; con ello, pudiéndose causar una desmejora en su condición económica y de vida.

Cuando, lo correcto es tomar el mayor interés por la base que nos proporciona la satisfacción de todas las necesidades, esto es: Por la economía, las finanzas y las inversiones; para lo cual, es indispensable contar con la dirección del especialista natural del área, los economistas y financieros; bien sea, en una asesoría (tutor) presencial o a distancia [esta función la cumple este Curso: Asesoría a distancia].

Frecuentemente, las personas acuden a un médico cuando el cuerpo se enferma o por controles de precaución, ello es importante para preservar la salud y, por ende, prolongar la vida y su calidad. Es que el cuerpo obliga, a veces, la asistencia a un centro dispensador de salud.

Existen otros casos, en el que una persona podría estar enfrentando alguna patología mental (enfermedad de la mente), que le traiga problemas en su entorno y daños a sí misma; por lo general, estas personas no asisten a ningún centro dispensador de salud mental, pareciera que no tuviesen conciencia de tal necesidad; y sabemos que es importante tener salud mental, como la salud orgánica. Cuando la situación se hace extrema su unidad familiar se ve obligada a asistir con su paciente al psicólogo. Pero casos como estos abran más donde la situación obliga a las personas a solicitar los servicios de un profesional.

En contraste, las personas, por lo general, no acuden a las oficinas de los economistas con la misma frecuencia que visitan a los médicos; ni tienen por regla leer libros de finanzas personales para formarse en el área. Y la economía no es menos relevante: Es quien soporta los gastos médicos para prolongar la vida; es tan importante que hay quienes han perdido la vida por no poder cubrir los gastos médicos; indirectamente la economía es vida y es felicidad: Es todo y está detrás de todo.

Motivado a la gran importancia de la economía en la vida de las personas; señalemos a quienes les es útil su conocimiento: A todas las personas; personas con capital y sin capital; a ricos, a clase media y a pobres. Sí, todos los seres humanos responsables y con conciencia deben tener por sí mismo un conocimiento de economía; y ese conocimiento, se encuentra en los libros, escritos para las personas que no son profesionales de esta área, ello es suficiente para formarse un juicio y valor en el área.

Además de poseer tal conocimiento, las personas que tengan un capital para invertir deben visitar a las oficinas de los economistas para solicitar sus servicios, así como solicitan el del médico.

Existen variados motivos por los cuales una persona pueda requerir una asesoría de un economista, por ejemplo: Si una persona posee un ahorro y tiene pensado invertirlo, porque quiere aumentar su nivel de vida y porque está consciente de que para mejorar su estado de bienestar, su condición económica, debe invertir para crear ***dinero nuevo.***

¿Qué es Dinero nuevo?: Es la utilidad o ganancia, que se genera de una actividad productiva. Es sinónimo de capital ganado, de riqueza. Lo de nuevo se debe a que se genera en la actualidad, luego, pasada la actualidad deja de ser dinero nuevo para ser dinero acumulado. Un ejemplo, una empresa produce un producto, el zapato con un costo de 40 dólares y los vende a su distribuidor en 60 dólares, de 40 a 60 hay una diferencia de 20 dólares ganados: Los 20 $ es el dinero nuevo, ello es la riqueza nueva, de quien hizo el zapato. [el principal objetivo de este Libro es enseñar: El cómo generar Dinero nuevo].

Esta persona, tal vez, le consulte a un amigo o a un familiar, sus más allegados; y estos al no ser expertos en economía, finanzas e inversión pueda que le sugieran un consejo inadecuado, bien sea porque no sea la opción más correcta, dado que, estos (familiares y amigos) no posean información de las diferentes opciones de inversión; ello para indicar una de tantas.

Como también, puede suceder que esta persona elija invertir en función de lo que le gusta o lo que mejor sabe hacer; si una persona tiene padres que desempeñan la sastrería, tal vez, cuando esta tenga la posibilidad económica para invertir, emprenda una sastrería. Porque es lo que vio y es lo que cree que puede hacer o es lo que le gusta; esto es, lo que sabe hacer o el gusto del productor.

Cuando en realidad, pueda que existan otros negocios que, tal vez, sean más rentables que el de la sastrería; dado que, por citar un ejemplo, las condiciones del mercado estén apuntando una mayor demanda en taller de pintura automotriz u otros.

Esta persona de no consultar a un profesional en economía y finanzas para que este le diese las opciones de inversión: Las que se ajusten al capital disponible a invertir; y si fuese necesario, crear un proyecto donde se estudie la factibilidad de operar un determinado negocio: De no hacerlo, ello podría acarrear perdidas.

Mientras que, de consultar al profesional ello podría asegurar una mayor probabilidad de éxito a la hora de ejecutar un proyecto de inversión; ello es realmente lo que se quiere. Nadie está en condición de arriesgar su capital. El emprender un negocio implica riesgos, el cual, debe ser estudiado para asegurarse la disminución del mismo y garantizar el éxito. Las personas deben hacer lo que realmente sea correcto, no lo que se crea de manera informal, para eso: Existen las profesiones, para apoyarnos en lo que no somos expertos.

Si a una persona le diagnostican cáncer o una enfermedad menor, diabetes; esta no debe auto medicarse, ¿verdad?: Esta se apoyaría en los profesionales de la medicina. Así funciona también la formación de los negocios y proyectos de inversión; o hasta una "simple" colocación de un activo financiero. Las personas no debe auto gestionarse si, por lo menos, no posee la información necesaria; o no cuentan con la asistencia del profesional. Para crear un negocio o colocar una inversión con éxito se requiere conocimiento del área; lo cual, ello se puede aprender muy fácil, es lo que pretendemos con este Curso: Enseñar economía y finanzas para todos; con el propósito de generar una mejor distribución de las riquezas: En donde las clases sociales avancen a estratos superiores.

Un Pequeño Economista:

Saben, no todos posemos el mismo conocimiento y, en consecuencia, no todos podemos ser de la misma clase social, porque además, no todos hacemos los mismos esfuerzos para estar adelante junto del conocimiento, es por ello que se les dice: Deben formarse y estar bien informados para que logren el avance de clases sociales, e incluso lograr la posesión de riqueza.

Una pequeña parte de la población del mundo, los ricos y las riquezas avanzan a la velocidad que lo hace el conocimiento (la ciencia): Esto es, entre otras, la economía, las finanzas, la tecnología y la información; para formar parte de este grupo se debe formar un conocimiento en estas áreas; con ello avanzamos a clases superiores. Una mejor distribución de las riquezas se logra aprendiendo: La generación del ingreso y su acumulación, de esta manera podemos pasar de pobres a ricos o intermedio: Es el avance de clase social.

Lo ideal, es que todos conozcamos de mercados, inversiones, finanzas, administración y economía [todas ellas son áreas de la economía]; no que estudiemos todos economía. El propósito de este Curso es formarnos como un pequeño economista con una especialización sobre la generación y acumulación de riqueza.

Por lo tanto, la importancia del conocimiento o el apoyo de los profesionales valen lo mismo cuando tenemos nosotros mismos la información de economía; necesaria para gestionar una unidad productiva y crear riquezas: Ello nos ayuda a maximizar el bienestar que buscamos y por el que vivimos. Entonces, el poseer riqueza está vinculado al conocimiento propio o al apoyo de un profesional del área.

Conocimientos propios o una asistencia profesional en materia de economía es leer este libro: De esta manera, el autor es el economista que les asesora, es su tutor, maestro y profesor del área; por consiguiente, ya están asistidos profesionalmente. Piensen un momento: ¿cómo es que el autor se hizo economista?, la respuesta: De otros libros [*] que lo precedieron, que sus autores estudiaron economía primero que el autor de este libro, de esos libros me forme (el autor). En efecto, ello es lo que quiero hacer con ustedes, enseñarles para que sean sus propios economistas.

[*] Claro, los libros con los que forman a los economistas en las universidades son más complejos, es por ello, que se requiere la presencia de profesores y la evaluación continua, para asegurarse el aprendizaje, y emitir el titulo correspondiente, el de Economista. Sin embargo, este Curso enseña economía, especialmente la materia del dinero, pero de una manera más sencilla para ser entendida por todos. Y no requiere la presencia de un economista: Ya la tienen al leerlo, de eso nos aseguramos.

Finalmente, nadie puede hacerse de una riqueza inconscientemente o desprevenidamente; ser rico requiere el uso y empleo consciente de conocimientos e información de economica.

Lo que significa, es que el conocimiento de la economía y de sus sub-áreas son fundamentales y determinantes en la generación y acumulación del ingreso; con lo cual, se promueve el avance de clases sociales.

Analizando los motivos y el conocimiento que deben tener las personas sobre la economía; como la base en la que se soporta la gestión eficiente de las unidades productivas, de inversión y de la vida misma; partiendo de ese conocimiento una persona, familia, sociedad o país logra impulsar la formación de unidades de negocios e inversiones: Generando así dinero nuevo. El que logre conocer y entender a la economía, estale exhibirá como trofeo: El avance de clase social y las riquezas al que posea su conocimiento.

Gerardo E. Blanco

2. **LA CAPACIDAD**, La Necesidad y La Actividad

[En el capítulo anterior, se trató la comprensión de la economía como una fuente de valor o recursos para satisfacer las necesidades humanas; en la cual, se comprende y define su importancia en la vida de las personas: Condición necesaria para establecer el estudio de la generación del ingreso y de la acumulación de riqueza, objeto de estudio de este trabajo. Lo que da como resultado: El avance hacia el estudio de las necesidades; entendida esta, como la de producir ingresos y riqueza, colocándola como necesidad superior; que a partir de ella, se lograra cubrir el resto de las necesidades humanas.]

En este sentido, abordamos el estudio de las necesidades; dado que, sí entendemos economía, ahora vamos a entender sus motivos: Las necesidades; y el cómo se forman; y las condiciones para establecerlas como tal.

Es pues, que el estudio de las necesidades se presenta por que esta es una condición junto con la capacidad que determinan la actividad a la que el hombre se dedica; para satisfacer las necesidades de este. Dicha actividad se desarrolla en la economía; o bien, se puede decir: Que la actividad es la economía misma.

La satisfacción de las necesidades son explicadas por el cambio que el hombre genera en la naturaleza: Esto es, con la producción de **productos**. La cual, se debe a la comprensión que tiene el hombre sobre las leyes del mundo real.

> **¿Qué es Productos?**: Es toda la producción de bienes y servicios producida por la naturaleza o por la actividad del hombre. Cuando la mencionamos nos referimos a la producida por el hombre.

Empezamos por comprender la generalidad de las necesidades y los motivos que la determinan; para luego, analizar el estudio del desarrollo de la capacidad combinado con la necesidad; lo cual, determinan la actividad de manera general y de forma específica. Todo ello, en función del avance de clase social, la generación del ingreso y su acumulación, las riquezas.

GENERALIDAD DE LAS NECESIDADES:

De manera conceptual, la necesidad, a la luz del verbo, es estado de necesidad: Referido a todo aquello que es necesario, que no puede faltar, que es indispensable, que es irresistible.

Todos los organismos vivos tienen necesidades, y, por tanto, también las tiene el hombre. La actividad del hombre está dirigida a satisfacer sus necesidades.

Las necesidades en el hombre, están sometidas a leyes que actúan únicamente en la vida social. (Academia de Ciencias Pedagógicas (1960); 341).

Las primeras necesidades a las que hacemos referencia, entendida en la cita anterior, son las que se derivan de sostener y prolongar la vida, las necesidades de: Alimentación, entre otras; y como el hombre es un ser vivo, también las tiene. Y las segunda, son las que se derivan del hecho de que somos seres sociables; dado que, vivimos en una sociedad, no estamos solos, tenemos familia y grupo social.

Entonces, se entiende que las necesidades tienen una división, como lo es: Las necesidades del organismo, por ejemplo, la de alimentación, dormir, etc.; y las necesidades sociales, como la de pertenecer a una clase social, también incluye, poseer riqueza, etc. Entre otras. Por otra parte, también se confirma que la actividad humana se debe a que esta existe con el fin de satisfacer las necesidades humanas.

Las necesidades humanas se caracterizan por unos rasgos generales; dichas características las vamos a comprender y aplicar en la necesidad de generar ingresos y acumular riqueza.

En su efecto, exponemos:

Primer rasgo de toda necesidad:
Es que esta tiene un objetivo: se tiene necesidad de algo, de un objeto material determinado, o de un resultado u otro de una actividad. No se puede caracterizar una necesidad si no se muestra su objetivo, si no se expresa su contenido (se habla de la necesidad de alimento). [ob. cit. p. 342.]

En el estudio de la generación del ingreso y la posesión de riqueza, también, es indispensable que se plantee como una necesidad, como un objetivo determinado: Necesidad de generar ingresos y poseer riqueza. Lo cual, debe plantearse de esta manera: Si este objetivo no se plantea en forma de contenido de algo, por ejemplo, generar ingresos y acumular riqueza, en su mente, por lo menos, no se podría caracterizar como tal. Y ello, es una condición primaria para establecer el objetivo de una necesidad; condición esta, además, que debe cumplirse para toda necesidad.

Segundo rasgo de toda necesidad:
Consiste en que toda necesidad adquiere un contenido concreto según las condiciones y la manera como se satisface.

Las necesidades se caracterizan por su contenido objetivo y este se determina por las condiciones del medio exterior. De ahí resulta que toda necesidad es una de las formas particulares de reflejarse la realidad. [ib.]

Un contenido concreto al que se hace referencia en este estudio, se refiere: A que la generación del ingreso y acumulación de riqueza solo puede germinar bajo unas determinadas condiciones; condiciones estas, a la que hacemos referencia en este trabajo: **Supera tu clase social.**

En efecto, estas condiciones establecen la forma de satisfacer dicha necesidad. Para lo que también se entiende, que toda necesidad es el reflejo de la realidad (explica la citada Academia: La ciencia) y, por lo tanto, estas condiciones, también, son una realidad; lo cual implica, que esta realidad debe ser conocida por el sujeto, en forma de conocimiento para poder lograr satisfacer la necesidad; de lo contrario, no se podría materializar la satisfacción de la necesidad.

Efectivamente, es una realidad la necesidad de origen social, entre otras; la cual, establece como ley o verdad: Que poseer riqueza es satisfacer a plenitud la mayoría o casi todas las necesidades humanas. Entonces, las personas persiguen objetos materiales e ideales, conducentes a la posesión de riqueza. Lo que hace necesario una actividad: Consecuente para lograr tal fin; las personas que persiguen ser ricas, a ellas se refieren; porque no toda persona tiene por necesidad, ni se plantío los motivos y mucho menos genera una actividad consecuente con la creación de riqueza.

Tercer rasgo de toda necesidad:
Una misma necesidad puede repetirse de nuevo. La repetición de las necesidades es una condición

importante para su forma y desarrollo. Solamente cuando se repiten se enriquece el contenido de las necesidades. [ob. cit. p. 343.]

En el estudio de la generación del ingreso y posesión de riqueza es, también, propio que la necesidad de crear ingresos y riqueza debe ser continua o repetitiva: Ello implica, que debe hacerse parte de nuestra actividad cotidiana; al ser continúa o repetitiva, esta se desarrolla y progresa. Ningún rico se desconecta de su estado de generar ingresos y de poseer riquezas, día a día actúa como tal. Quien no se plantee el avance de clase o ser rico, por ejemplo; entonces, no podrá actuar en ese sentido.

Es que no todos nos planteamos poseer riqueza como una necesidad, entre otras que si tenemos: La mayoría de los pobres y clase medias están relajados y conformes no tienen la necesidad de ser rico; si tienen necesidad de productos, los necesarios para mantener su estado de pobreza y de clase media; pero, no se plantean como tal el ser rico, es decir, no se lo plantean como objetivo: En su efecto, no generan la actividad correspondiente y, de no generarla, no puede haber repetición de algo que no se ha generado ni por vez primera. En consecuencia, no puede haber desarrollo de riqueza ni promoción de clase social.

Cuarto rasgo de toda necesidad:
"Consiste en que estas (las necesidades) se desarrollan a medida que se amplía el círculo de objetos y de medios para satisfacerla." [ib.]

Existe una amplia gama de productos y medios para satisfacer las necesidades; dicha gama ha venido ampliándose a medida que pasa el tiempo; apoyada por el aumento del conocimiento y desarrollo de la tecnología: Y con ello, un perfeccionamiento en la producción de los bienes y los medios. En esa misma medida, se han desarrollado las necesidades humanas.

Por la magnitud y multiplicidad de las necesidades, a veces, se dice: Que son insatisfechas. No es que no se satisfagan; si se satisfacen, lo que quiere decir, es que una necesidad satisfecha genera otra necesidad, y sucesivamente interminables; y como siempre hay necesidades que satisfacer, se piensa que son insatisfechas. Y es que ellas, son el motivo de la vida; y el hombre necesita un motivo continuo que le ocupe su estadía como ser vivo: Estas son la razón de vida.

De tal manera, que a medida que la necesidad de generar ingresos y crear riqueza se encuentre en pleno desarrollo, en esa medida tal necesidad se hará más necesaria; de ahí, es que los que poseen fortuna no descansan en acumular cada vez más y más fortuna: Es su necesidad y viven satisfaciéndola día a día, cuidando cada dólar de su fortuna. Quien se proponga alcanzar una fortuna, debe tener por necesidad la posesión de riqueza. Y para ello, deben planteárselo como objetivo y generar la actividad, la cual debe ser incesante.

Explicado los rasgos de toda necesidad; comprendamos ahora, la parte social de la naturaleza humana como determinantes de necesidades.

¿Conoces Hacia que Estas Determinado?: A pobre, A clase media o A rico *Según donde vives, trabajas, estudias o lo que lees* **(NATURALEZA HUMANA DETERMINANTE DE NECESIDADES)**
Se explica en 2 Formas: #1 el acondicionamiento social que determina a clases pobres, medias o ricas; y, #2 la forma de superar tal determinación.

¿Se puede superar hacia lo que se está determinado? (#1)

Las necesidades de los hombres están determinadas por las condiciones sociales de vida. Sin embargo, en un individuo concreto, aunque el desarrollo de sus necesidades depende de sus condiciones personales de vida, estas últimas están condicionadas, de todos modos, por las relaciones sociales y por el lugar que tal individuo ocupa en este sistema de relaciones. [ob. cit. p. 345.]

Cada persona está inserta en un sistema social: Su estrato social. Ese estrato social es el ente rector que determina las necesidades de sus miembros. Las personas que están inmersa en las clases trabajadoras, por ejemplo, estas no ven ser rico una necesidad: Entre los pobres ser rico no es una necesidad; mientras que, una persona que se desarrolla en una clase pudiente, esta tiene la necesidad de ser rica, para mantenerse en su medio social y ser alguien en ese medio, es algo natural de los miembros de esta clase social, el tener por necesidad: La riqueza. Como es natural, también, que los pobres no tengan por necesidad: El ser rico.

3
• Cada persona está inserta en un sistema social: Su estrato social. El estrato social es el ente rector que determina las necesidades de sus miembros; y ellas, son diferentes entre estractos.

Efectivamente, las necesidades sociales son las que vienen determinadas por su estrato social; y ellas son diferentes entre estratos. Si las necesidades vienen determinadas por su estrato social; entonces, una persona que vive en un estrato de pobres no está determina a ser rica; significa, ¿que no puede haber avance de clases sociales?

Como es, entonces, que una persona que vive en un estrato social avanza hacia otro, preguntamos: ¿Puede?; la respuesta: Es que una persona tiene tres escenarios donde se desenvuelve y desarrolla su actividad; estos son donde hace vida: 1) Donde vive, 2) donde trabaja y 3) donde se forma. Estos escenarios pueden desarrollarse en diferentes clases o estratos sociales.

Figura 1: La vida de las personas se desarrolla en 3 escenarios.

Cada escenario es independiente del otro; cada uno puede estar ubicado en diferentes o iguales estratos sociales; lo que significa, que puede haber diferentes combinaciones de estratos sociales en la vida de una persona [Véase el cuadro No. 1]; y con ellos, una determinación de necesidades ordenadas por el elemento social. De las que puede resultar: Necesidades de clases pobres, medias o ricas.

Cuadro No. 1: Combinación de estratos y su determinación de necesidades.

	Donde				Determina necesidades de clases:		
	Vives	Trabajas	Te Formas	=			
Estrato o Clase social	Pobre	Pobre	Pobre/No	:	Pobre	Combinaciones	(a)
	Pobre	Pobre	Media	:	Media		(b)
	Pobre	Pobre	Rica	:	Media ó Rica		(c)
	Pobre	Media	Media	:	Media		(d)
	Pobre	Media	Rica	:	Media ó Rica		(e)
	Media	Media	Media	:	Media		(f)
	Media	Media	Rica	:	Media ó Rica		(g)
	Media	Rica	Rica	:	Rica		(h)

Fuente: Elaboración propia.

La regla general de las variables escenario: Vive, trabaja y se forma; vienen determinadas entre sí, de forma: Que la necesidad del estudio o formación de una persona determina la necesidad de un trabajo específico; y ambas, las necesidades de estudio y del trabajo, determinan la necesidad del lugar donde se quiere vivir. Ello es, a su vez, un objetivo que viene determinado por una planeación: Cuando se tiene por objetivo el avance de clases sociales, como necesidad; es entonces, cuando la dirección es propia del sujeto; cuando este es un ser que piensa en objetivos; los cuales, planifica, organiza y ejecuta por sí solo; y tiene una posición activa frente a ello: El avance de clase social.

3ª

LEY

CONOCE HACIA QUE ESTAS DETERMINADO, SEGÚN DONDE VIVES, TRABAJAS Y ESTUDIAS.

LAS VARIABLES SOCIALES DONDE VIVE, TRABAJA, SE FORMA Y MUNDO INTELECTUAL DEL INDIVIDUO DETERMINAN LAS NECESIDADES Y LA ACTIVIDAD; Y ESTAS, DETERMINAN EL NIVEL DEL INGRESO, EL CUAL PUEDE SER: DE POBREZA, MEDIO O RIQUEZAS.

CONSIDERACIONES PRÁCTICAS

Entre los escenarios, donde: vive, estudia y trabaja; ¿cuál influye más en la vida de una persona?: Sin duda alguna, el más influyente es el estudio [*], seguido por el trabajo. Y ambos, son determinados por el deseo o la necesidad de donde se quiere vivir y; este a su vez, es quien determina la formación y el trabajo. Es decir, ambos se determinan entre sí; estos, con un objetivo concreto acompañado de la actividad correspondiente pueden lograr el avance de clase social. Estos, dos últimos párrafos, definen a una persona activa con conciencia y propósitos sobre su estado económico.

[*] El estudio produce conocimiento y el conocimiento te puede cambiar la vida, por lo general, el cambio es para superar.

Por otra parte, tenemos a las personas pasivas; estas son las que nacen y viven en cualquiera de los estratos sociales, clases: pobres, medias y ricas; y estas, no han determinado por sí mismas el lugar donde viven, dado que, dependen de otra persona, sus padres o familiares; y estos, son los que las han dirigido hasta allí. Tal vez, los padres o familiares estén en uno de los escenarios de forma igual, es decir, de forma pasiva: Que alguien los condujo, también, hasta allí, y este sea su presente.

En general, se ha presentado el cuadro No. 1; en él se observa las diferentes combinaciones de escenarios, partiendo de la base: De dónde se vive, de formarse y de trabajar, ello determinara su cambio o permanencia en una determinada clase social. Ello, como un resultado definitivo que se deriva de las necesidades que se generan según sea su estrato social o escenarios: Verlo, es vernos a nosotros mismos, es saber dónde estamos y hacia que estamos determinados.

¿Qué nos dice el cuadro?; en (a):
Una persona que vive y trabaja en el estrato social pobre, y no se forma; esta persona está determinada a tener necesidades naturales de su estrato social: requiere y se conforma con unos pocos productos; al no tener mayor necesidad, de ello: Esta determinara su condición de pobreza.

De esta manera, podemos analizar cada una de las combinaciones del cuadro; ubicarnos dónde estamos y decidir lo que queramos hacer; lo más correcto: Es proponernos el avance de clase social; para ello, debemos estudiar y formarnos para el trabajo calificado o sub-calificado, en la medida de lo posible, y generar la actividad que se corresponda.

> Se complementa mas adelante en el sub-titulo: **Condición de Vida y la Actividad**; de este capitulo.

4ª

LEY

TU SITUACIÓN ECONÓMICA ES SUSCEPTIBLE DE CAMBIO; CONOCE EL MÉTODO.

LA CONDICIÓN NECESARIA PARA GENERAR EL CAMBIO: ES QUE EXISTA LA CAPACIDAD DE SATISFACER LA NECESIDAD; ACOMPAÑADA DE CONVENCER AL CEREBRO DE ELLO; PARA QUE SE ADMITA LA NECESIDAD Y SE GENERE LA ACTIVIDAD CORRESPONDIENTE; CONSECUENTE, A PRODUCIR EL CAMBIO GENERADOR DEL INGRESO.

CONSIDERACIONES PRÁCTICAS

De momento, veamos el estudio de las capacidades humanas junto a las consideraciones prácticas.

LA CAPACIDAD HUMANA:

El estudio de las capacidades y de las actitudes de las personas es de interés para la generación y acumulación del ingreso; dado que, a partir de ello podemos comprender el por qué una persona está preparada para emprender una actividad, específicamente, la de inversionista o emprendedor y otras no. El alcance de este apartado es demostrar las razones que si nos permiten desempeñar una actividad emprendedora en la actividad de la generación del ingreso, las riquezas.

Para lograr el desarrollo de las capacidades humanas con el objeto de que se genere una actividad, la cual, debe ser la producción de bienes y servicios, conducente a la generación de dinero nuevo, es preciso que se cumplan unas determinadas condiciones, estas son: El desarrollo progresivo del factor histórico-social; la repetitividad de la práctica en la actividad productiva; las conexiones necesarias de las leyes del mundo real; la división y especialización del trabajo; las actitudes innatas, y; la condición de vida de las personas y su actividad. Estas son las determinantes explicativas de las capacidades humanas; conducentes, a la actividad productiva generadora de dinero nuevo, las riquezas.

En principio, definimos capacidades:

"Se denomina capacidades las cualidades psíquicas de la personalidad que son condición para realizar con éxito determinados tipos de actividad." [ob. cit. p. 433.]

Las cualidades psíquicas de la personalidad para la Academia de Ciencias Pedagógicas (1960), no es otra cosa que la capacidad misma de las personas. Su entendimiento se logra cuando comprendemos las determinantes que las explican.

Las capacidades de las personas son productos de la historia. Las capacidades del hombre se han creado y desarrollado en la actividad que tiene por objeto satisfacer las necesidades. La capacidad de percibir se ha creado a medida que la práctica de la vida exigía una diferenciación más fina y perfeccionada de los objetos reales. La capacidad racional del hombre se ha desarrollado como consecuencia de que, para influir sobre la naturaleza y cambiarla, era necesario conocer con más profundidad las conexiones y dependencia que hay entre los fenómenos del mundo real. Cuanto más amplia y variada se hace la actividad de las personas, más amplia y variadamente se desarrolla sus capacidades. [ob. cit. p. 435.]

Desarrollo Histórico-Social:

"El desarrollo de las capacidades depende en un grado decisivo de las condiciones histórico-social de la vida del hombre, de las condiciones de la vida material de la sociedad." [ib.]

Cuando la Academia de Ciencias Pedagógicas (1960) hace referencia a la historia, se están refiriendo a que el hombre de hoy, lo que es, se debe al desarrollo progresivo histórico-social; queriendo decir, que una parte de lo que somos, está determinada por el aprendizaje de nuestra historia; el cual es progresivo y acumulativo.

A medida que avanza el tiempo aprendemos más y acumulamos más capacidades; y cada día somos más perfectibles en nuestras capacidades y, por ende, en la actividad. Es por ello, que para desarrollar la capacidad debemos comprender que la vida es dinámica y, en su dinamismo, se producen infinitos cambios y, lo que somos hoy, se debe, en parte, a los aciertos y errores cometidos en el pasado: Nuestra historia.

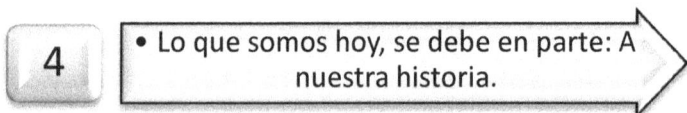

4 • Lo que somos hoy, se debe en parte: A nuestra historia.

Para emprender unas capacidades en materia de dinero y riqueza, es preciso empezar a conocer cómo es que existe tal capacidad; que, hasta hoy, solo algunas pocas personas generan riquezas ¿El cómo se hace? y la búsqueda de ello es un paso para adquirir tal facultad.

Alguien dijo: "el que no conoce la historia: Está condenado a repetirla." Lo que de conocer la facultad creadora de dinero nuevo; con actividad intensiva en desarrollar dicha capacidad; y tomar de los acierto lo mejor y de los errores su conocimiento para evitarlos: Estaríamos colocando un peldaño en la generación y acumulación del ingreso.

La Práctica en una Actividad:
La segunda variable, que hace referencia es la práctica, como determinante de las capacidades humanas. Lo que significa, que a medida que el hombre practica en su actividad de producir bienes y servicios; y lo hace de manera repetitiva, consigue mejoras del producto y logra diferenciarlo, cada vez más, de las producciones anteriores. Lo que quiere decir, que a medida que las

personas generan una práctica sobre un contenido y se repite de manera continua, el estudio del dinero por ejemplo, con ello se forma la capacidad: Es desarrollar la capacidad para generar riqueza.

Así también, la madre embarazada por primera vez, ella no sabe qué es ser mamá; cuando nace su bebe recibe variadas instrucciones sobre cómo debe cuidar y proteger a su hijo; qué son las funciones de mamá: Las idas al pediatra, el enfrentar algún virus, las vitaminas y la alimentación que debe suministrarle para el sano crecimiento, las vacunas que deben proteger al niño de las futuras enfermedades y más adelante la escolaridad, etc.: Ya pasado un tiempo, esa práctica continua es lo que ha dado la capacidad de desempeñarse como mamá. Así es que nos hacemos profesionales y especialistas; al acometer una actividad: Producimos la capacidad.

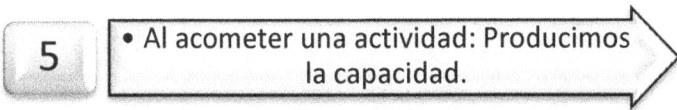

5 • Al acometer una actividad: Producimos la capacidad.

Si pretendemos formarnos en el estudio de la generación de riqueza debemos formar nuestra capacidad en la práctica continua sobre la materia del dinero. Por ejemplo, el conocimiento de economía y sus sub-áreas debe estar siempre presente en nuestra actividad; en tal sentido, se debe ver la vida por el lente de la economía: De esta forma, se hace un experto en economía y finanzas.

La práctica en economía y finanzas se hace leyendo y analizando información inherente a la materia. No queremos decir, que todos vayan a la universidad a estudiar economía; porque si todos fueran a la universidad a estudiar economía, entonces, no habría producción de bienes y servicios, porque los economistas no saben de: agricultura, ni de construcción ni saben cómo producir textiles, etc.; de irnos todos por el estudio de economía hasta la mencionada profesión desaparecería, ¿que abría de estudiar? si todos nos dedicamos al estudio de la economía: No habría materia de estudio.

Además de que, si no hay producción no se puede sostener la vida humana, desapareceríamos; o esta nueva realidad nos obligaría a regresar a las profesiones de origen. Lo que queremos decir, es que necesitamos a todos los profesionales y técnicos para crear bines y servicios, desde el agricultor pasando por el albañil, por el ingeniero y todos los demás; y con todos ellos, sostener la vida humana: De lo que se entiende, es que todas las personas deben aprender economía y finanzas para apoyar sus actividades o profesiones [*] y de esta manera aumentar el bienestar de cada uno y, en lo posible, promover el avance de clase social y la generación de riqueza.

[*] Se aprende economía y finanzas leyendo economía y finanzas de los expertos, por ejemplo: El **Curso de Finanzas Personales**, del cual este Libro forma parte, se propone formar unas capacidades cierta sobre el dinero, su generación y acumulación.

La máxima a aprender, es que el producto, ingreso o riqueza que produce un ingeniero sin capacidades en economía y finanzas es de menor cuantía al que puede producir un ingeniero con capacidades en economía y finanzas (ingeniero es un ejemplo, puede ser cualquiera otra profesión: Agricultor, comerciante, etc.). Dado que, poseer habilidades económicas y financieras es un poder determinante en la generación y acumulación del dinero: No es lo mismo emprender una actividad en busca del bienestar con capacidad en economía que sin la capacidad. Porque buscar el bienestar económico [para satisfacer todas las necesidades] requiere una actividad económica y financiera, de ello, se entiende que de conocer las reglas y normas de funcionamiento o, lo que es lo mismo, las leyes del mundo real: Economía y finanzas es lo que nos hace más capaces para lograr satisfacer las variadas necesidades.

Las Conexiones y Dependencia entre las Leyes del Mundo Real:

La tercera variable, que determina el desarrollo de la capacidad para producir los cambios necesarios en nuestra naturaleza a objeto de satisfacer las necesidades humanas son: Las conexiones y dependencias entre las leyes del mundo real; sentencia la Academia de Ciencias Pedagógicas (1960).

Se entiende, que el hombre para generar un cambio en la naturaleza obligado para sostener y mejorar la vida misma, tuvo que comprender las leyes que determinan una cosa o resultado de algo. Lo que una vez comprendido, las muchas leyes del mundo real; se produce la conexión entre ellas (producto de una de las facultades del cerebro, que es: La asociación): Al conocer estas leyes y conectarlas entre sí: Es que se puede generar los cambios necesarios para mejorar la actividad, conducente a mejorar la condición de vida de las personas.

6 • Al conocer las leyes y conectarlas entre sí: Es que se generar el cambio; necesarios para mejorar la actividad.

Cuando se dice, leyes del mundo real y conectividad entre ellas, en nuestro estudio, el de la generación de riqueza y, de manera general, se refiere a que el mundo está lleno de leyes que determinan las cosas, productos, procesos o funcionamientos; lo cual, existen y vivimos con ellos entendámosla o no, están ahí, son reales. Por ejemplo, el ser humano necesita tomar agua potable para sostener la vida; el agua de los ríos contiene tierra e impurezas, las cuales pueden producir enfermedades: El hombre se vio obligado a cambiar esa agua; así como estaba en la naturaleza debía ser cambiada.

En consecuencia, ha conseguido el cómo tratarla a través de uno o más métodos; métodos en los que puede haber: filtros, piedras, uso del cloro, etc.; la forma que el hombre utiliza para purificar el agua se hace por que existe uno o más métodos para hacerlo, ese método o manera de hacerlo es un contenido; ese contenido, es una ley; esa ley, es una verdad que está vigente hasta que se descubran otras leyes o formas de purificar el agua: Ello es una representación de las leyes del mundo real.

Examinemos otro ejemplo que simplifica la comprensión de las leyes de las cosas: Los zapatos están hechos de cuero, gomas, materiales sintéticos, hilos y pega, etc.; la forma y métodos de producirlos son vigentes hasta que se descubra otro método, su contenido o método para fabricarlos es lo que conocemos por ley del mundo real. Hasta hoy no se conocen otras materias primas ni otros métodos para producir zapatos; quien quiera producirlos debe empezar por aprender las leyes que existen sobre su producción: De no hacerlo, no podrá producirlos.

Lo que significa, que para producir cualquier cosa que se proponga el hombre, este debe conocer las leyes del mundo real que rigen y determinan tales cosas; lo cual también, vale para generar y acumular riqueza. El conocimiento de las leyes del mundo real sobre cómo se genera y se acumula el dinero, esto es: Conocimiento de Economía, Finanzas e Inversiones; esté, en manos de las personas, empresas y en la sociedad en su conjunto, el país, es la forma y método vigentes necesarios para alcanzar tales propósitos: La generación y acumulación del ingreso y el avance de clase social a partir del conocimiento económico financiero.

Estos dos ejemplos, producción de agua potable y zapatos, sirven para aclarar, dado que, cuando hablamos de leyes del mundo real se puede pensar que nos referimos a las leyes físicas, ley de la gravedad, leyes mecánicas u otras; y lo que menos pensamos es que las leyes del mundo real están en la vida cotidiana de nuestra vida, en todos esos productos que consumimos y usamos; así como en todo lo que hacemos.

Por otra parte, la combinación de capacidades para generar una actividad, a la que se refiere la Academia de Ciencias Pedagógicas (1960), más las conexiones entre las leyes del mundo real son absolutamente necesarias para producir un producto o cosa; sin estas, no podría haber un producto o cosa, dado que, la producción de un objeto requiere varias capacidades, como también, requiere la comprensión de varias leyes; ambas, necesarias para producir un determinado producto o un fin determinado, generar ingresos o ser rico, por ejemplo.

El buen éxito, al desarrollar cualquier actividad, depende de la combinación de capacidades. Para la actividad del maestro, por ejemplo, es necesaria la capacidad de exponer de una manera interesante los elementos y el material de enseñanza, son necesarias capacidades organizativa, tanto pedagógicas y muchas otras. [ob. cit. p. 433.]

El ejemplo citado por la Academia de Ciencias Pedagógicas (1960), [un maestro] en el cual se dice, que este requiere de varias capacidades; nosotros apuntamos, capacidades sobre varias leyes para acometer las funciones de maestro. De lo que se entiende, que las funciones y/o facultades del maestro es un conjunto que lo determinan como un producto, por decirlo así de alguna manera; para que el exista, este debe aprender unas leyes que lo rigen como tal, como es, la capacidad de exponer, la capacidad organizativa, la pedagógica y muchas otras; lo que quiere decir, que para producir un bien como el maestro: Se necesita comprender y tener la capacidad sobre las leyes que lo determinan, de la exposición, entre otras, por ejemplo.

Exponer requiere que conozcamos el lenguaje, sus códigos (las letras, las palabras, etc.), la escritura y que tengamos capacidad para ello; esta ley, conectada con las leyes de la organización, la cual, existen y están escritas, más las leyes de la pedagogía, que es el contenido de cómo facilitar una enseñanza, más otras leyes; todas al interconectarlas producen un profesional útil: El maestro.

En este sentido, la capacidad sobre las leyes de producir ingresos y acumular riquezas y su conectividad entre sí, existen en el mundo real, como lo es: La economía; en esta, se hallan muchas leyes obligatorias; de manera general, las teorías económicas contienen un conjunto de leyes, por ejemplo, el ingreso de una persona, familia, sociedad o país tiene dos usos: El consumo y el ahorro, no tiene más usos, solo dos, consumo y ahorro, ello es una ley y debe ser aprendida para poder crear riquezas.

Efectivamente, así como se sabe que el ingreso tiene dos destinos, también, hay otras leyes que se deben saber; entre ellas, la ley que se deriva de la mencionada, dice: Que solo el ahorro genera ingresos y riquezas al convertirlo en inversión. Ingresos y riquezas para el que los invierte; mientras que, el consumo no genera ingresos ni riqueza: Saber estas leyes y tener capacidad sobre ellas es fundamental para crear riqueza.

De acuerdo a lo expuesto, el buen uso de la economía, las finanzas, la administración y nuestro tiempo, como también, de otras capacidades en materia de dinero es lo que se conoce como: Capacidades sobre las leyes de la generación del ingreso y su acumulación. Las cuales, deben conectarse entre sí para producir dinero nuevo.

En rigor, no se puede generar riqueza solo sabiendo las leyes de la economía y desconociendo las leyes de la administración; un ejemplo, puede haber ingresos y ser despilfarrados o, simplemente, dedicarlos al consumo en su totalidad; así no se puede aumentar el ingreso, ni promover el avance de clase social ni consolidar una fortuna: Es necesario, para ello, que conozcamos todas las leyes que conducen a la generación del ingreso y la acumulación de riqueza [*].

[*] Es lo que nos proponemos en el **Curso de Finanzas Personales:** Enseñar todo sobre la generación del ingreso y su acumulación.

De concierto, a las variables que explican las capacidades humanas, aparece otra variable: La división y la especialización del trabajo.

División y Especialización del Trabajo:

"La división y la especialización del trabajo han conducido a la especialización de las capacidades humanas." [ob. cit. p. 435.].

La cuarta variable, que determina el desarrollo de la capacidad humana para producir algún bien o servicio o; sirve igual decir, la capacidad de generación del ingreso y la acumulación de riqueza es determinada por la división del trabajo y su especialización, según la Academia de Ciencias Pedagógicas (1960); lo cual creemos así.

En efecto, cuando una persona se dedica a una sola profesión, esto es: Agricultor, contador, mecánico, medico u otras, y no al mismo tiempo a dos o más profesiones, por ejemplo, agricultor-mecánico o peluquero-electricista, crea una especialización y aumenta la capacidad al desarrollarse en una sola actividad, dado que, el esfuerzo es dedicado a una profesión no a dos o a más: Es entendible.

Por ejemplo, un abogado-cantante, abogado de día y cantante de noche; distribuye su tiempo y esfuerzo en dos actividades y, por ende, será menos productivo en su capacidad al desempeñar su profesión principal (abogado, de ser esta) respecto a un colega que se desarrolla a tiempo completo en sus funciones; este desarrollara la capacidad para ello y obtendrá un mayor producto. No es lo mismo ser atleta y entrenar a tiempo completo, que entrenar a medio tiempo, porque este dedicado a otra actividad; el atleta de tiempo completo rinde más que el que se dedica a medio tiempo: De aquí, que quienes se dedican a dos o más profesiones se limitan en la formación de la capacidad, lo cual, no logran la especialización.

7 • La didicacion a una profesion: permite su desarrollo y especializacion.

En esta misma forma, hablamos de la división del trabajo y nos referimos, además de lo anterior, a que si en la producción de un bien o servicio hay tres actividades; estas deben ser acometidas por tres personas, donde cada una debe dedicarse a una sola área o división en la producción del producto: De esta manera nos hacemos especialistas y, por ende, más productivos.

Ciertamente, el mundo de hoy es altamente competitivo, esto es, existe una competencia entre las personas, empresas y sociedades o países para generar productos y; con ello, producir ingresos y riquezas; esta competencia, se ve cuando los factores productivos de algunos participante están empleados, el trabajo, el capital y la tierra; mientras que, otros participantes los tienen desempleados o sub-empleados; también, se puede ver cuando un país compra más de lo que vende: Es menos competitivo respecto al país que vende más de lo que compra.

Toda esta competencia, es en función de obtener recompensas económicas afín de satisfacer las necesidades privadas de los participantes. De esta competencia, resulta las profundas diferencias entre ganadores y perdedores, en consecuencia, gana más el de mayor capacidad, el que dedica más tiempo a una formación o especialización para el trabajo, dado que, ello determina la capacidad; y con ello, se determina lo competitivo que podamos ser.

La capacidad de generar dinero nuevo es determinada, entre otras, por la formación y especialización en un oficio: Toda persona debe poseer una profesión o técnica, de la que se hace especialista, para que genere algún producto y, con ello, el ingreso y su acumulación, la riqueza, en lo posible.

Otra variable, la quinta, que determina el desarrollo de las capacidades humanas es: Las actitudes.

Las Actitudes:

Las actitudes explican si y solo si el que posea una actitud favorable a algo emplee la actividad que se corresponda; de lo contrario, esta variable no determina el desarrollo de las capacidades. [ob. cit. p. 436.].

Según la psicología:

El hombre no nace teniendo ya algunas capacidades determinadas. Solamente pueden ser innatas algunas particularidades anatómicas y fisiológicas del organismo, entre las cuales tiene la mayor importancia las particularidades del sistema nervioso, del cerebro. Estas particularidades se denominan aptitudes. Si un individuo incluso teniendo las aptitudes más brillantes, no se ocupa de la actividad correspondiente a ella, nunca desarrollara sus capacidades. [ib.]

La Academia de Ciencias Pedagógicas (1960), explica que el hombre no nace con capacidades; estas son aprendidas. Buenas noticias es saberlo, dado que, ello explica al mismo tiempo que si una persona se dedica a aprender una determinada capacidad para un fin: Lo puede lograr.

8

• El hombre no nace con capacidades; estas son aprendidas. Si una persona se dedica a aprender una determinada capacidad: Lo puede lograr.

En efecto, las capacidades para emprender algo no nacen con las personas, se hacen; como el ejemplo de la madre, que aprende al acometer la actividad. En concordancia a ello, podemos fundamentar nuestro interés en adquirir las capacidades necesarias para desarrollar una actividad generadora del ingreso y riqueza; y con ello, promover el avance de clase social. Y no lo decimos nosotros, profesionales de las ciencias económicas; ello lo dice: La ciencia de la psicología; la que conoce bien a nuestro cerebro: Es quien nos dice que si podemos aprender una capacidad; como la de generar y acumular dinero nuevo, entre otras por ejemplo.

Para la Academia de Ciencias Pedagógicas (1960), las actitudes se deben a un elemento innato que se deriva de la herencia de sus progenitores: Ello son las actitudes. Tales actitudes, sirven para desarrollar las capacidades y no necesariamente; por que quienes no posean una determinada actitud, pueden desempeñarse de manera magistral en una actividad para la que no presenta actitud adecuada; de esto, hay investigaciones en la psicología.

Un ejemplo conocido, es el de Albert Einstein:

"Este genio científico aprendió a hablar muy tarde, era distraído en clases y no era un brillante discípulo. Prefería sobre todo pasar su tiempo tocando violín." (Palma, Douglas 1997; p.76).

Una vez famoso, se dijo en la comunidad científica que había sido un alumno mediocre; cualquiera creería que no tendría futuro; pero no fue así, este se dedicó a su actividad, la física, y desarrollo las capacidades necesarias, de la cual, produjo un gran aporte científico, lo que lo hace uno de los genios más grande que ha tenido la humanidad; por ello, fue galardonado con el Premio Nobel de Física. De este ejemplo, que nos queda a nosotros, aprender de ello: Si existe un propósito en adquirir unas capacidades para generar una actividad, por ejemplo, la actividad de la generación del ingreso y riqueza, esta se puede aprender y lograr con éxito: Si nos dedicamos a ella.

Otro punto de las actitudes, explicado por los científicos de la psicología, en la persona de la Academia de Ciencias Pedagógicas (1960), es: Que si una persona posee las actitudes más brillantes y no desarrolla la actividad que se corresponda con tal actitud: Entonces, no podrá haber una capacidad en dicha actividad; lo que quiere decir, es que una actitud positiva sin una actividad que se corresponda con ella, no genera un desarrollo en la capacidad o, sirve igual decir, que unas actitudes positivas sin actividad correspondiente, no genera ninguna capacidad en la virtud de la actitud.

Y si existe unas actitudes negativa o, lo que es lo mismo, no demuestra actitud adecuadas a una actividad, como puede señalarse una actividad que se corresponda con la misma: No se puede. Y si existen actitudes negativas, es decir, si no se muestra actitudes para una actividad y se genera una actividad para lo que sabemos que no tenemos actitud, el resultado puede ser: Un desarrollo medio de la capacidad o, también, un desarrollo magistral; como el caso de Albert Einstein; o puede que no desarrolle la capacidad.

Para los fines de este Curso, es preciso señalar: Que toda persona que se proponga la generación de dinero nuevo, el avance de clase social y las riquezas deben generar una actividad que se corresponda con la misma, dado que, siempre existe la posibilidad de generar unas capacidades positivas o magistrales. El no dedicarse a ellas es eliminar la posibilidad de crear tales capacidades, sin haberlas intentado.

La sexta y última variable que determinan la capacidad es la condición de vida y la actividad; veámosla.

Condición de Vida y la Actividad:
Para la Academia de Ciencias Pedagógicas (1960) y para el estudio de la psicología general: Las capacidades humanas son determinadas, en cierta medida, por su condición de vida y por la actividad que corresponda [*]. Lo que quiere decir es: Que la condición de vida, el entorno social donde se forman, donde se desarrollan y donde se desenvuelven es como una especie de programador de las personas, parte de ello explicado; también se dijo, nadie nace aprendido, se aprende en el camino: Según nuestras condiciones de vida y según la actividad que se

desempeñe es lo que va a determinar el desarrollo de las capacidades.

> [*] Ello fue tratado en este capítulo, en el subtitulo anterior: NATURALEZA HUMANA DETERMINANTE DE NECESIDADES.

Las personas que nacen, cresen, se desarrollan y viven en condiciones de riqueza; están preparadas para emprender una actividad orientada a la generación del capital o riqueza, de manera exitosa casi sin dificultad; ello se debe, a que su medio social fue quien, en parte, las programo para tal desempeño: El ambiente donde nos acondicionamos es un determinante de nuestra realidad, también, lo es la actividad que desempeñamos.

Ahora, una persona que ha sido programada por su entorno social en condición de pobreza; esto es: Que se conforma con los ingresos productos de su trabajo, ingreso medido para sostener las necesidades más básicas; éstas se cruzan de brazos, se sienten cómodas con su trabajo y con los bienes que poseen, procrean hijos más de los que pueden, se distraen y se divierten en su entorno; y no se preocupan por necesidades que no correspondan con su condición social, como la de formarse un conocimiento para el trabajo calificado. En esta condición, sin propósitos de generar ingresos más altos y riqueza, se consolida la pobreza; y de esta manera, no se puede producir el avance de clases sociales ni, mucho menos, riqueza; dado que, si no existe la necesidad y el propósito de algo, como podría generarse la actividad: No se podría.

Superando hacia lo que se está determinado (#2)
Lo anterior, es una verdad pero no absoluta; dado que, esta verdad puede ser cambiada. En efecto, si una persona está condicionada a un estado de pobreza o clase media, descrito en el párrafo anterior, y saliera de su estado programático, por ejemplo: Leyendo buenos libros, con el propósito de adquirir información y conocimiento de las leyes del mundo real sobre el dinero, en-

tre otras: Ésta lograría adquirir un conocimiento; el cual le cambiaría la vida, de proponérselo y lograría el avance de clase social. Dado que, cuando uno se informa de un conocimiento y lo aprende, entonces, uno desaprende lo que conocía y remplaza el conocimiento anterior por el conocimiento nuevo: Es cuando se produce el cambio.

> **9** • La condicion social programa al individuo; pero, se puede salir de su estado programático, adquieriendo información y conocimiento .

El cambio se produce primero en la mente al planificar, organizar, ejecutar y controlar objetivos distintos a los que se derivan de su condición ambiental, al acceder información objetiva. Ello funciona como una extracción: La persona está en un medio social físicamente, el de pobreza o clase media; pero, mentalmente puede estar en otro sistema social, uno superior. Al estar mentalmente en otro sistema social, como el creador de riqueza, es entonces que ésta persona puede alcanzar la capacidad y desempeñar las actividades correspondientes a las necesidades superiores, por ejemplo, las que determinan: El avance de clase social y la generación y acumulación del ingreso.

De modo, que debe quedar claro: Que con la formación de conocimientos adecuados sobre las leyes de la economía y finanzas, referentes a la generación del ingreso y creación de riqueza, esto es, las leyes del dinero, es que a partir de estas se logra formar unas capacidades adecuadas; las cuales, permiten las actividades correspondientes a la formación de riqueza: Existen unas leyes conducentes a la generación del ingreso y de la riqueza, de conocerlas y corresponder con su actividad, ello puede cambiar una realidad de pobreza o de clase media a estados de solvencia económica y promover el avances de clases sociales.

La actividad de las personas es un determinante del desarrollo de la capacidad, tan poderosa que ha sacado a millones de personas de la pobreza. Todos sabemos que los ricos de hoy: No todos nacieron ricos, se hicieron con su actividad; y si no nacieron ricos, es por que estuvieron inmerso en un sistema o ambiente en condición de pobreza o clase media; pero, con la información de un conocimiento y su respectiva actividad se reprogramaron y superaron tal estado, el de la pobreza, hoy son ricos: Ello es una realidad, todos conocemos alguna historia de un pobre o clase media que se hizo rico.

Finalmente, les presentamos una síntesis que explica el desarrollo de las capacidades del hombre, en forma de fórmula:

DESARROLLO HISTÓRICO-SOCIAL
+ LA PRÁCTICA EN UNA ACTIVIDAD
+ CONEXIONES DE LAS LEYES DEL MUNDO REAL
+ DIVISIÓN Y ESPECIALIZACIÓN DEL TRABAJO
+ ACTITUDES
+ CONDICIÓN DE VIDA Y ACTIVIDAD
= **DESARROLLO DE LA CAPACIDAD HUMANA**

LA ACTIVIDAD:
Si ya sabemos cómo se forman las capacidades en las persona; ahora, podemos comprender que estas capacidades son una variable que determinan la actividad como, también, la variable de la necesidad es un determinante de la actividad: Su comprensión permite el desarrollo de la actividad [*].

[*] Antes, explicábamos la necesidad y el desarrollo de la capacidad, determinantes de la actividad.

Si la capacidad determina a la actividad; quiere decir, que una parte de nuestra actividad se debe a nuestra capacidad de generar tal actividad. Y también, sabemos que las capacidades no nacen con la persona sino que se crean por esta.

De igual forma, sabemos que las necesidades humanas determinan la actividad; lo que quiere decir, que las necesidades al presentarse en la persona van a requerir su satisfacción, dado que, toda necesidad debe ser satisfecha en la medida de lo posible. Si no puede ser satisfecha; entonces, deja de ser una necesidad. Solo las necesidades que tienen la posibilidad de ser satisfechas, son calificadas por el órgano cerebral de: Necesidad; de lo contrario no.

Y solo las necesidades de las personas: Es lo que ocupa al cerebro; lo que no es necesidad: No es ocupación del cerebro. Y si el cerebro no se ocupa de algo; entonces, no podría existir. Dado que, todo lo que el hombre transforma en la naturaleza se debe a que: Primero, el cerebro se ocupó de ello; y segundo, con la actividad se materializa.

10 • La capacidad determina la necesidad; y ambas, determinan la actividad. Y con actividad: Es que se materializa todo proposito.

Entonces, se entiende que las actividades se deben a que existe una necesidad; y como existe la capacidad de satisfacerla, se hace vigente la necesidad: Generándose así la actividad correspondiente.

CAPACIDAD
+ NECESIDAD
= **ACTIVIDAD**

La comprensión de la actividad en función de las necesidades, en el contexto de nuestro estudio, el de la generación de riqueza, por ejemplo, señala que: Si una persona no presenta la necesidad de cambiar su condición económica de un estrato de pobreza a uno superior; motivado a que esta persona no cuenta con información y conocimientos adecuados para generar el cambio: Si no cuenta con ello, no se puede generar la capacidad.

Y de poseer la información y el conocimiento es; entonces, que luego, de estar convencido de que si puede: Es que cree que tiene la necesidad. Porque si tiene la información y el conocimiento y cree que no puede desarrollar la capacidad: No pasa a ser necesidad. Solo si cree que puede satisfacerla; es que se forma la necesidad. Y al ser necesidad; esta conduce a una actividad que va a materializar la satisfacción de la necesidad.

De modo, que si la persona se informa y cree poder generar la capacidad y convence al cerebro de que puede satisfacerla: Se crea la necesidad; seguido a ello, se pasa a realizar la actividad correspondiente. Ello está al alcance de quien se lo proponga; fundamentando ese propósito en información y conocimiento sobre las leyes del mundo real; con lo cual, se puede generar el cambio y, con él, la satisfacción de toda necesidad, entre otras, la necesidad de generar y acumular ingresos.

Por último, la actividad debe estar apoyada en las condiciones que estable las leyes del mundo real para que se pueda producir el cambio; si y solo si, una actividad es desarrollada en función del conocimiento de las leyes de la realidad: Es que se produce el cambio. De tal manera, que si se pretende un objetivo: Ingresos altos, avance de clase social o acumulación de riqueza, por ejemplo; ello va a depender del conocimiento cierto de economía y finanzas; si se desconocen estas, jamás se podrían alcanzar tales objetivos. Lo que significa, que estas son un requisito indispensable para lograr tales propósitos: Si, el fundamentar la actividad sobre las leyes de la realidad; para cualquier propósito que se plantee el hombre es indispensable ello.

Analizando la información que procesa el cerebro, la cual logra convencerlo de poder generar una capacidad en satisfacer una necesidad: Lo que hace que se admita la necesidad; la cual va a conducir a una actividad, conducente ésta a gestionar el cambio necesario para satisfacer la necesidad. A partir de este proceso una persona, familia, sociedad o país pueden planificar y materializar objetivos; y con ello, lograr satisfacer las necesidades. Ello es una ley natural de la psicología-economía que exhibe como trofeo: El avance de clase social y las riquezas al que se plantee la necesidad y genere la actividad correspondiente.

NO ADELANTES TU FUTURO:

Damos un vistazo a las posibles fuentes de distorsión de la no generación y no acumulación del ingreso; de frente, nos vamos a referir a las variables: Etapas económicas y biológicas del individuo, especialmente, el orden de estas, como determinantes del desarrollo de las capacidades humanas; y con estas, la necesidad y la actividad; por lo que estas, también, son determinantes de la generación del ingreso. Nosotros, creemos que la mayor parte de las personas invierten o cambian el orden de las etapas de vida y, como también, de las etapas económicas, suprimen algunas entre otras causas y por motivos diversos. Cuando decimos, la mayor parte, es porque en el planeta hay más pobres que ricos; y esta mayoría, la mayor parte, se salta las etapas de vida (biológicas) y las económicas garantizándose así una vida de pobreza. Veámosla.

Etapas Económicas y Biológicas de las Personas:

Todos los seres humanos vivimos unas etapas desde el momento en que nacemos hasta el momento en que morimos. Por una parte, tenemos las etapas económicas; y por la otra, las etapas del ciclo biológico. Tales etapas, van a permitir la evolución o involución de las personas; estas tienen un orden, es decir, primero viene una, luego otra, y así sucesivamente: Este orden es el deber ser.

Pero en la práctica, en las etapas económicas, las personas las viven: Unas en orden; otras las invierten; y otras suprimen algunas.

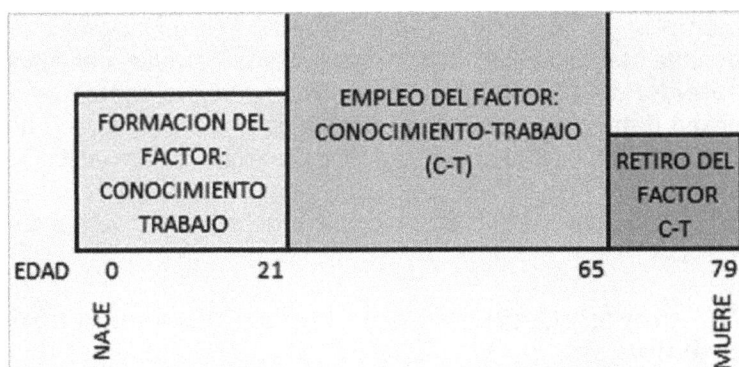

| | EMPLEO DEL FACTOR: | |
| FORMACION DEL FACTOR: CONOCIMIENTO TRABAJO | CONOCIMIENTO-TRABAJO (C-T) | RETIRO DEL FACTOR C-T |

| EDAD | 0 | 21 | 65 | 79 |
| | NACE | | | MUERE |

Figura 8: Representación gráfica de las Etapas Económicas en las personas.

1ª Etapa; Formación del Factor Conocimiento-trabajo:

Esta comprende la educación y preparación para el trabajo sub-calificado o calificado; Etapa que cubre los primeros 21 años o más de la vida de una persona; ejemplo, es ir a la escuela, a la secundaria, a la técnica o universidad, esto es, formación de vida y para el trabajo.

2ª Etapa; Empleo del Factor Conocimiento-trabajo:

En esta se desarrolla la actividad del trabajo; etapa que cubre de los 22 a 65 años de la vida de las persona;

ejemplo, es la carrera para generar ingresos y, en lo posible, la disciplina para acumularlo. Esta se basa en que la vida no es solo el presente; y por lo tanto, esta etapa debe garantizar la subsistencia en la etapa de retiro. Así como la primera etapa garantiza la formación y preparación de las capacidades para el trabajo calificado; y con ello, la generación del ingreso y el avance de clase.

3ª Etapa; Cesantía del Factor Conocimiento-trabajo:
En esta, las personas quedan improductivas debido a su edad, dado que, la condición física les impide operar labores, de forma eficiente y, por ende, pasan a retiro, quedando cesante; etapa que cubre de los 65 años en adelante; en esta, el ahorro y las inversiones realizadas en la etapa productiva se ponen al frente para respaldar el consumo de esta etapa: Si es cierto que las personas en esta etapa quedan cesantes su stock de capital y sus ahorros no; es por ello, que pasan al frente a cubrir la cesantía de quienes las anticipan.

1ª E.: FORMACIÓN DEL FACTOR C-T
+ 2ª E.: EMPLEO DEL FACTOR C-T
+ 3ª E.: CESANTÍA DEL FACTOR C-T
= **ETAPAS ECONÓMICAS DE LAS PERSONAS**

Por otra parte, citamos a una de las etapas del ciclo biológico, dado que, esta incide en la economía de las personas; a saber: Reproducción humana. Todos sabemos que las etapas del ciclo biológico del ser humano es: Nacer, crecer, reproducir y morir. Ustedes se preguntaran que tiene esto que ver con las finanzas personales; pues si tiene y mucho. Veamos la 3ª etapa del siclo biológico.

3ª Etapa Del Ciclo Biológico; Reproducción:
En esta, los seres humanos dan continuidad a su especie; previo a esta, se forma el enlace familiar y se construye la nueva unidad familiar, es el deber ser. Está ubicada en la fase productiva de la etapa económica (en la

2ª etapa), va desde los 27 a 34 años de la vida de las personas; ejemplo, es unirse a una pareja y construir una familia.

La segunda etapa del siclo biológico: Crecer, coincide con la primera de las etapas económicas: Formación del ser humano; y ambas, preparan las capacidades del individuo para el trabajo y para la constitución familiar y de la reproducción humana.

5ª

LEY

NO ADELANTES TU FUTURO.

LA CAPACIDAD DE LA GENERACIÓN DEL INGRESO ES DETERMINADA POR EL ORDEN DE LAS ETAPAS ECONÓMICAS Y BIOLÓGICAS; SI SE TRASPONE EL ORDEN O SE MANTIENE; CON ELLO, SE DETERMINA EL DESARROLLO DE LA CAPACIDAD; Y CON ESTA, LAS NECESIDADES Y LA ACTIVIDAD; Y ELLAS, SON DETERMINANTES DE LA GENERACIÓN DEL INGRESO Y DE LA SUPERACIÓN DE CLASE. POR LO QUE DEBEN CONOCERSE Y RESPETAR SU ORDEN.

CONSIDERACIONES PRÁCTICAS

La propiedad matemática: El orden de los factores no altera el producto; no aplica para las etapas económicas o de vida de las personas, aquí el orden si determina varios resultados. Una de las fuentes de pobreza o de involución económica en las personas es transponer el orden de ambas etapas; y al cambiar el orden o suprimir las etapas 1ª y 2ª, los resultados al sumar las etapas no pueden ser el mismo, quiere decir, no puede ser el que debería ser.

En tal caso, una persona que en sus primeros 21 años no se ha formado para el trabajo sub-calificado ni calificado y, en vez de ello, asume la 2ª etapa económica; esta debe de saber: Que los ingresos que genere, por no estar formado, van hacer ingresos mínimos, los cuales, solo sirven para cubrir un consumo de subsistencia.

Y si además de ello, asume la 3ª etapa del ciclo bio-lógico (reproducción); esta debe de saber, que por haber hecho familia antes de formarse para el trabajo, esta generara ingresos bajos, los cuales, dedicara solo al consumo; de esta manera, el ahorro y las inversiones es un imposible: Lo que da como resultado, una vida en estado de precariedad; involución económica, sin avance de clases sociales.

En el caso de América latina, por ejemplo, uno de los primeros propósitos que se plantean los jóvenes en condición de pobreza, por lo menos una parte significativa de ellos, es la formación del hogar y de la familia; lo cual, no debiera de ser así, dado que, estos están en edad de formación.

Tal situación, les trae una serie de consecuencias, entre ellas, no logran calificarse para el trabajo (no se hacen profesional o técnico), se obligan a trabajar para el hogar y al hacerlo generan ingresos mínimos, lo cual solo sirve para cubrir el gasto de subsistencia: Esto es, consumo en condición de pobreza. Con todo ello, se ponen en una situación cuesta arriba para alcanzar la solvencia económica; y la peor consecuencia, es que la familia que hacen la condenan a recorrer un camino cuesta arriba hacia la solvencia económica y antes de que estos nazcan ya están en esta situación.

El no prepararnos antes de formar una familia: Es condenar a nuestros hijos antes de que estos nazcan. Ello es lo que nosotros llamamos: La fábrica de hacer pobres; hay que tener cuidado con ello, si alguien está en esta situación, en la medida de lo posible, trabaje e invierta en formarse calificadamente junto con su familia, siempre se está a tiempo, solo si no se está en condición de cesante, entonces, se está a tiempo.

En este mismo sentido, la forma en que las clases pobres y medias ordenan sus objetivos de vida y económicos, como por ejemplos: hacer familia; adquisición de activos para el hogar, vehículo y vivienda: Es lo que dificulta la generación del ingreso y, por lo tanto, dificulta la creación de un fondo de ahorro; y con ello, la ausencia de un capital de inversión.

Toda persona debe examinar sus objetivos económicos y de vida frente a las etapas económicas y de vida con el objeto de reorientar y corregir cualquier situación adversa; para poder lograr una mejora en la condición económica personal y familiar: El avance de clase social.

¿Qué debe hacerse si no se ha guardado el orden?:
En la medida de lo posible, se debe revertir tal situación, ello no quiere decir, que se deshagan los hogares y familias, lo que queremos decir, es que se inicie el reordenamiento de las etapas económicas con todos los integrantes de la familia.

En tal sentido, si no se está formado para el trabajo: Fórmese; dado que, el trabajo sub-calificado o calificado es generador de ingresos superiores al trabajo sin formación. Un trabajo sin formación, por ejemplo, puede ser: Un despachador de mostrador, lavador de autos, etc.; estos generan ingresos mínimos. Por su parte, el trabajo sub-calificado, pueden ser, por ejemplo: Un mecánico certificado; este, genera el ingreso de un mes de un trabajo sin formación en un día. Otro, el pintor de auto y barbero o peluquera; estos, generan el ingreso de un mes de un trabajo sin formación en una semana; estos entre otros.

Por su parte, el tiempo requerido para lograr una formación sub-calificada es de 1 a 2 años en adelante; y depende del área que se escoja; por ejemplo, un ingeniero (trabajo calificado) requiere de 5 años, un mecánico de 2 años, un especialista en peluquería o barbero de 1 año, etc. Todos producen ingresos por encima del mínimo; revise sus opciones y posibilidades para aprender un trabajo sub-calificado o calificado.

¿Y quiénes tienen la oportunidad de ordenar las etapas económicas?:
Todos los que estén en edad de formación y productividad, esto es, las edades de la 1ª y 2ª etapa; las personas en edad de formación y en edad para el trabajo, excluye a los que están en edad cesante, solo a estos. Entonces, la mayoría pueden empezar por ordenar sus

etapas con los suyos; y con ello, mejorar su economía personal y familiar.

Saben, la generación y acumulación de riqueza llega a diferentes edades; y la única condición necesaria para tal propósito: Es saber cómo es que se genera el ingreso y el cómo es que se acumula; si se está preparado para ello, entonces, se podrá lograr a cualquier edad, preferiblemente en la edad productiva. No obstante, existen casos particulares donde personas en etapa de formación o cesante logran generar y acumular ingresos; sin embargo, ello es solo un porcentaje muy pequeño.

Analizando el orden de las etapas económicas y bilógicas de las personas; y partiendo de ellas una persona, familia, sociedad o país pueden lograr la generación y acumulación de las riquezas. Quienes logren mantener el orden de estas etapas podrán acceder al avance de clases; ello es una ley natural de la economía y de la vida, que exhibe como trofeo: El avance de clase social y las riquezas al que mantenga el orden biológico y económico.

3. **LEY ECONÓMICA**, Ley de la Generación del Ingreso y de la Acumulación de Riqueza

[Hemos comprendido hasta aquí, que la vida del hombre está determinada por las necesidades; de las cuales, se dijo: Unas que se derivan del ser animal y, las otras, del ser social; en ellas, se desarrolla la vida humana. Estas necesidades requieren ser satisfechas para que existan como tal; la satisfacción de estas, pasan por comprender las leyes del mundo real, y; estas en última instancia, son las que determinan el cambio en la naturaleza; del que resulta, la fabricación de bienes y producción de servicios, entre otras: Es satisfacer las necesidades.]

Es por ello, que aparece la ley económica; la cual, forma parte del conjunto de leyes que rigen al mundo real. El hombre en su afán de satisfacer sus necesidades, objeto de vida del mismo, está obligado a comprender tales leyes. Y como hemos entendido que la economía es la plataforma base donde se alcanza la satisfacción indirecta de todas las necesidades humanas:

Se hace inminente el estudio de las leyes de la economía. Las cuales, se presentan en forma de lecciones;
para lo que acometemos, en este capítulo, su comprensión y el impacto de estas en el mundo real, especialmente, en la promoción de clases sociales, la generación
del ingreso y acumulación de riqueza.

El desarrollo de este apartado se inicia con la comprensión del significado de la palabra: Ley, de manera
general y, luego de manera específica el de: Ley económica; también, abordamos la racionalidad humana; seguido, presentamos la 5ª ley y las consideraciones practicas; además, la ley de la generación del ingreso y de la
acumulación de riqueza y su inviolabilidad; también,
esta ley en los sistemas económicos; y por último, las
generalidades de esta ley. En todos ellos, nos valemos
de ejemplos explicativos orientados en la generación y
acumulación del ingreso.

Ley:
Según el diccionario, la ley para todas las ciencias se
refiere: A la "Regla y norma constante e invariable de
las cosas, nacida de la causa primera o de las cualidades
y condiciones de las mismas."

Análogamente, para Bunge, M. (1995) la ley es: "Toda relación constante y objetiva en la naturaleza, en la
mente o en la sociedad."

De las dos apreciaciones podemos unificar un concepto y decir: Ley es la relación que existe entre dos o más
partes de forma constante y objetiva, que explican determinados comportamientos en la forma y condiciones.

En general, para todo emprendimiento que se proponga el hombre, este debe tener en cuenta la ley, dado
que:

Para cambiar la realidad, el hombre debe prever
cual será el resultado de sus actos y debe saber lo
que es necesario hacer para alcanzar el fin propuesto. Sin embargo, cuando se intenta verificar
algún cambio en la realidad son inútiles todas las
previsiones, la elección de medios para alcanzar el

fin propuesto y todas las planificaciones previas, si no se tiene en cuenta las leyes por la que se rige el mundo objetivo y su aplicación a cada caso concreto. Si el hombre, al planificar su actividad, no partiera de las leyes objetivas del mundo, no podría efectuar lo que se propone. (Academia de Ciencias Pedagógicas, 1960; p. 232).

Y también, debe tenerse en claro, que:

"Las leyes de la realidad no se crean por la voluntad del hombre y según sus deseos; ellas reflejan las conexiones reales y esenciales entre los objetos y fenómenos del mundo real." [ob. cit. p. 234.]

Es claro y preciso el anterior enunciado sobre el cumplimiento de las leyes, con carácter de obligatoriedad, para poder producir los cambios necesarios en el mundo real; y también, es claro que estas no dependen de la voluntad humana. He aquí, la relación de la producción, las leyes del mundo real y el hombre: Conocimiento y aplicación de disciplinas y de varias leyes.

Veamos, las leyes pueden presentarse de las siguientes formas: Las positivas (objetivas); y las normativas (subjetivas). Presentemos una en particular, la ley de la gravedad (física) [objetiva].

La ley de la gravedad, por ejemplo, sostiene en uno de sus enunciados: Que todo cuerpo compuesto de materia ejerce una atracción mutua entre sí; quiere decir, que un objeto es alado hacia el eje de atracción o gravitacional, la tierra: Ello es un hecho inviolable; con algunas excepciones, por ejemplo, el helicóptero o las naves aéreas violan esta ley; esta ley, es ejemplo de leyes objetiva. Las leyes normativas las vamos a tratar más adelante. De momento veamos.

Ley Económica:

Ley económica es la relación que existe entre dos o más conceptos de forma constante y objetiva, que explican determinados comportamientos en la forma y condiciones en la vida económica. Por ejemplo, el concepto de

precio de un bien más el concepto de cantidad demandada; ambos establecen una relación, la cual, nos conlleva a la ley de la demanda. De esta forma, existen
otras relaciones que también dan como resultados otras
leyes económicas; tales leyes están agrupadas en dos
grupos: Las leyes positivas y las leyes normativas.

Las leyes positivas tratan la parte objetiva de los
hechos; como ya se dijo, las leyes económicas están en
este grupo; por ejemplo, la ley de la demanda predice,
que: Si el precio de un bien baja, la demanda por este
aumenta; si el precio sube, la demanda baja; en ambas,
si se mantiene constante el resto de las variables.

¿Por qué el resto de las variables?:
Si, dado que, la cantidad demandada no solo viene determinada por los precios sino, también, por el gusto del
consumidor, su restricción presupuestaria, su ingreso
disponible, los precios de otros bienes principales y sus-
titutos o la aparición de un bien principal. Con todas
estas determinantes se podrían crear varias leyes de la
misma forma, que la relación entre precio y cantidad.

Por lo general, esta ley es absolutamente inviolable;
cuando se dice absolutamente, es porque no tiene excepción: Así como se mostró la excepción de la ley de la
gravedad; en esta ley no existen, para la mayoría de los
bienes [*]. Salvo en otras leyes, por ejemplo, en la ley
de la generación del ingreso y acumulación de riqueza,
si tiene excepción la ley: La figura de la donación, herencia y la lotería son excepción de esta ley; si se les
dona una fortuna, si reciben una herencia o si se ganan
la lotería, estas son las únicas excepciones donde el ingreso o la riqueza llegan fuera de las leyes económicas.
Ahora bien, nadie puede apostar la vida a ellas.

[*] La ley de la demanda, no determina ninguna excepción; porque se da por sentado, que nos referimos a, solo, los bienes que su demanda aumenta por disminución del precio. Mientras que, los bienes que aumentan su demanda al aumentar el precio, los bienes Giffen, no están en esta ley; por ello, no son excepción de la ley; estos son: Las acciones, el oro, etc.; los cuales, aumentan su demanda a medida que aumenta su precio.

Por otra parte, la voluntad humana es obediente de la **racionalidad**; y la razón no puede ir en contra de la razón, ni por un segundo; no podemos cambiar el resultado, los hechos, de una ley objetiva: Ellas existen y están entre nosotros, son reales como la vida misma.

El estudio normativo, por su parte, trata el aspecto subjetivo de los hechos: Lo que se cree que debe ser; las leyes jurídicas están en este grupo, por ejemplo; la sanción de un determinado delito puede discutirse y tener varias respuestas correctas: Ello es subjetivo (normativo); veamos, si por arrojar basura en la calle se debe: Multar, prestar un servicio comunitario, ser penado u otras.

También, la economía puede verse desde el enfoque normativo; ejemplo, en economía podemos discutir el nivel de la tasa de impuesto, "la más justa," la discusión de ello es subjetiva y, por tanto, la ley que la regula es normativa: He aquí, la esencia de lo normativo.

Primero lo primero y, lo primero, son las leyes positivas (objetivas), las cuales, determinan la realidad de las cosas; seguida, de lo normativo, esto es, si la realidad de las cosas deben ser así o de otra manera. Lo fundamental es explicar las leyes objetivas, dado que, estas son las que determinan el cambio en el mundo real y en función de estas, es que luego, se crea las leyes normativas.

Para los fines de este estudio tratamos solo las leyes objetivas, que es realmente la importante: Son las que producen el cambio en el mundo real y son las que determinan el avance de clase social, la generación del ingreso y la acumulación de riqueza.

Saben, lo que conocemos de la economía está formado por el estudio positivo y normativo; claro, las leyes económicas son todas positivas: Esto es, objetivas. ¿Por qué?, su respuesta: Es que la elaboración de las leyes económicas parten de la observación de la realidad; y esta, es totalmente objetiva.

El ser humano es un ser racional y, por tanto, está obligado a cumplir las leyes que tratan lo objetivo, dado que, estas poseen la razón y el juicio. Un ejemplo de ello, si una persona tiene tres (3) opciones de ofertas del mismo bien, es decir, el bien es idéntico con diferencia de precio: El raciocinio humano le dictara que compre el de menor precio, dado que, el bien es idéntico, por que comprar el más caro: No verdad. Nadie puede ir en contra del raciocinio humano, de tener toda la información. He aquí, la ley económica y su inviolabilidad absoluta; estas, entre otras, forman el conjunto de las leyes económicas.

Las leyes de la economía explican el comportamiento de los individuos; de las familias; de las empresas; del sector gobierno; del país en su totalidad; y del resto del mundo. Todos estos, son explicados por ella; por lo tanto, su entendimiento es crucial a la hora de establecer un objetivo o meta en economía, dado que, la materialización de estos objetivos dependen de su conocimiento; por ejemplo, el proponerse el avance de clase social, la generación de dinero y su acumulación, entre otras, depende de que conozcamos las leyes económicas y financieras; para lograr tales objetivo.

¿**Qué es *resto del mundo*?**: Se refiere al grupo de países que se relacionan con un determinado país en condiciones de socios comerciales, bien sea por que estos exporten o importen bienes y servicios. P. ej. Un país, Brasil, exporta e importa a otros 40 países; estos 40 países son el resto del mundo para Brasil.

El conocimiento de las leyes de la economía más la racionalidad humana basada en la información; es lo que, en parte, conduce al logro de objetivos en economía. Veámosla.

La Racionalidad Humana:
La efectividad de la racionalidad humana depende del acceso a la información; quiere decir, que ésta está limitada según la información que se posea: Lo que es correcto para una parte del todo; no es correcto para el todo. En la medida que se posea más información, en esa misma medida, se decidirá lo más correcto.

11
- La racionalidad humana depende de la información; en la medida que se posea más información, en esa, misma, medida se es mas racional.

Hagamos un ejercicio para comprenderlo: Una persona, llamada: José, requieren un bien; el bien, está disponible en manos de tres oferentes (vendedores), llamados: Pedro, Ricardo y Miguel; el bien es idéntico con diferencia de precio: Pedro lo vende a 1,00; Ricardo lo vende a 1,50 y Miguel lo vende a 2,00 dólares. Resulta que José tiene información de la existencia de dos (2) vendedores, de Ricardo y Miguel: En tal sentido, José está determinado, por su racionalidad sobre la información que tiene del bien, a comprar el producto a Ricardo, a 1,50 dólares, y no a Miguel que vende a 2,00 dólares. Por lo tanto, con esta información de una parte del todo, José toma la decisión más correcta en función de la racionalidad; y determinada esta, por la información que posee este sobre la realidad.

Pero, si consideramos toda la información; y sobre esta, hacemos uso del raciocinio humano: Identificamos que José está en error, debido a la falta de información, puesto que, lo correcto sería comprar el bien a Pedro que lo vende a 1,00 dólar y no a Ricardo que lo vende a 1,50.

Del ejercicio, entendemos que si poseemos la mayor información, en esa medida, podemos ser más racionales; quiere decir, que cuando no tenemos toda la información: No somos racional por completo; solo cuando estamos enterados del todo: Es que somos racionales. La vida real es mucho más compleja que la presentada en el ejemplo; por ello, se debe apreciar aún más la buena información: La información es un activo invalorable.

En general, la información y el conocimiento sobre las leyes de la economía; en la forma y manera de producir ingresos, una parte, es la que cada uno de ustedes conoce en la actualidad; pero, ello no es suficiente y no es la totalidad de la información.

Para que tomemos las decisiones más inteligentes debemos considerar el todo: Solo de esta manera es que la racionalidad es efectiva. De lo contrario, tenemos que asumir costos innecesarios y, en la mayoría de los casos, inefectividad en la consecución de objetivos.

El mundo es más complejo de lo que creemos, solo las personas inteligentes pueden darse cuenta de ello; y para darse cuenta, se requiere más información de la que poseemos; información esta, sobre las leyes del mundo real, entre otras: Las leyes económicas y financieras. Si pretendemos superar la clase social en la que estamos; si nos proponemos generar ingresos y acumular riqueza debemos poseer información y conocimiento sobre: Las leyes económicas y financieras; y con ellas, actuar inteligentemente haciendo uso de la racionalidad. Tal propósito: Es lo que nos proponemos enseñarles en el **Curso de Finanzas Personales**.

6ª

LEY

ASEGÚRATE DE COMPRENDER LOS PRINCIPIOS DE LA ECONOMÍA; ELLOS DICTAN, PARTE DE, TU REALIDAD.

LAS LEYES DE LA ECONOMÍA SON IGUAL DE EFECTIVA A LAS LEYES DE LA FÍSICA; ESTAS, EN PARTICULAR, SON ABSOLUTAMENTE INVIOLABLES, SE CUMPLEN Y NADIE LAS PUEDE EVITAR.

CON EL OBJETO DE PROMOVER EL AVANCE DE CLASE SOCIAL, LA GENERACIÓN Y ACUMULACIÓN DEL INGRESO; ESTAS, DEBEN SER TOMADAS EN CUENTA PARA TAL PROPÓSITO; DE LO CONTRARIO, NO SE PODRÍAN MATERIALIZAR.

CONSIDERACIONES PRÁCTICAS

Las leyes económicas que existen sobre el dinero y las riquezas deben ser tomadas en cuenta para llegar a tal fin; dado que, de lo contrario no se podría llegar a ello. Y ello, es una responsabilidad individual de cada persona, familia, empresa, sociedad o país.

El objeto de las leyes económicas sobre el dinero se fundamenta en que: Existe una sola forma de generar ingresos y crear riquezas; no dos, ni, mucho menos, varias formas; como por ejemplo, señalan algunos libros: Si piensas, puedes ser rico; o si lees, puedes ser rico; o si te lo propones, puedes ser rico; o si crees en tu corazón con fe, puedes ser rico; o si usas el cerebro, puedes ser rico; o si usas el poder de la atracción del universo, puedes ser rico; y cualquier otra ocurrencia.

El dinero y la generación de riqueza no tienen nada que ver con la subjetividad, meditación o voluntad humana: Ello no puede cambiar los hechos, los estados o condición de pobreza de las personas. Ahora, el conocimiento e información sobre las leyes económicas y financieras si pueden cambiar una realidad, la de su estado de clase social; porque solo de esta manera, es que el mundo real permite el cambio: Si, solo a través del conocimiento de sus leyes.

12 • El mundo real permite el cambio de un estado situacional a otro: Solo a través del conocimiento de sus leyes.

La economía es el conocimiento supremo o máximo que tenemos los seres humanos sobre el dinero y la generación de riqueza; es de ella, donde se desprende el método infalible, seguro y cierto sobre la búsqueda del bienestar del hombre y su estado y/o condición de riqueza; no en otra.

Démonos cuenta, si ignoramos lo que enseña la economía y las finanzas, sus leyes y principios sobre el dinero y el cómo crear las riquezas; entonces, simplemente no podemos crear riquezas, porque existen unas verdades que están en economía y finanzas que dictan los hechos y el comportamiento de la generación de dinero, en forma de ley, que no pueden ser violadas; así como una ley física en condición de igualdad a una ley económica y financiera: Estas, son leyes que gobiernan al mundo real. Ciertamente, a partir del establecimiento de la ley económica se explica la ley de la generación y acumulación de riqueza.

Saben, es importante entender que estas verdades económicas y financieras sobre el dinero, predicen: Que para generar riquezas es preciso conocer y desarrollar la ley de la generación del ingreso y la de acumulación de riquezas; las cuales, se expone a continuación.

LEY DE LA GENERACIÓN DEL INGRESO Y DE LA ACUMULACIÓN DE RIQUEZA; y sus incumplimientos:

En este apartado, esta ley se presenta en forma de síntesis; reservamos su desarrollo para los capítulos del 5 al 8. De momento, lo que pretendemos demostrar con esta ley es la consecuencia de su incumplimiento y la efectividad de la misma; y aclarar además, que esta es la única base de la generación y acumulación del ingreso.

Su contenido se presenta así: Primero, poseer uno o varios factores productivos; Segundo, generar ingresos a partir del empleo de estos factores productivos; Tercero, luego de haber generado un ingreso, prever un ahorro; Cuarto, inversión de los ahorro en unidades de negocios que generen beneficios, dinero nuevo; Quinto, reinversión de los beneficios, estos generados en las inversiones, y; sexto, reinversión más nuevas inversiones, hasta crear una acumulación de capital en modo espiral, las riquezas. Dicho de manera muy general.

Cuadro No. 2:

LEY DE LA GENERACION DEL INGRESO; Y DE LA ACUMULACION DE RIQUEZAS	
PASOS	ESLABONES
1	POSEER UNO O VARIOS FACTORES PRODUCTIVOS;
2	EMPLEO DE LOS FACTORES PRODUCTIVOS, y generar ingresos a partir de ellos;
3	PREVER UN AHORRO, de los ingreso;
4	INVERSION, de los ahorros, y generar nuevos ingresos a partir de ellos;
5	REINVERSION, de los nuevos ingresos, y;
6	+ INVERSIONES (+ APALANCAMIENTO).

Fuente: Elaboración propia.

En esta ley, la ciencia de la economía predice: Quien ostente uno o más factores productivos y desarrolle todos los requerimientos establecidos en la ley; esta le generara dinero nuevo o riqueza. Este enunciado se cumple como las leyes de la naturaleza, inviolables; aun con más rigor, dado que, esta es absolutamente inviolable; no tiene excepción, salvo la donación, herencia, la lotería y la apropiación indebida.

1er. Principio; Poseer uno o varios Factores Productivos:

Todos, como mínimo, poseemos un factor productivo: El trabajo; este para que pueda participar en la formación del ingreso y de las riquezas debe formarse; de lo contrario, no puede ser útil a los fines planteados por esta ley.

El trabajo con formación es: Conocimiento-trabajo; y este, es indispensable para lograr, una vez empleado, altos ingresos; lo cual, permita cubrir el gasto de vida (el consumo); y además de este, permita un excedente: El ahorro. De esta manera, si se puede avanzar al siguiente paso de la ley.

Este 1er. principio consiste en que toda persona debe estar formada para el trabajo y de esta manera: Promover su desarrollo económico; De lo contrario, de no formarse: No podrá promover el desarrollo; dado que, de no formarse los ingresos que genere serán bajos y, por lo tanto, solo le servirán para cubrir un consumo precario: De esta manera no podrá haber desarrollo. Y de no cumplir con este principio: La ley de la generación y acumulación de las riquezas no perdonara a esta persona, sociedad o país y, por tanto, no alcanzaran superar su clase social, menos acumular riquezas.

1er.p • Poseer uno o varios factores productivos

La máxima a aprender de este paso es:

Todos poseemos un Factor Productivo: El Trabajo. El cual, debe ser formado para ser profesional y especializado; solo de esta manera, es que se puede generar ingresos lo suficiente para cubrir el consumo y destinar una parte al ahorro.

2do. Principio; Empleo de los Factores Productivos; y generar ingresos a partir de ellos:
Si una persona se propone el avance de clase social o la posesión de riqueza; y solo posee un factor productivo: El trabajo. Y ésta, no lo emplea: No podrá generar in-

gresos; y de emplearlo, en el caso de que este no esté formado para el trabajo profesional o técnico: Tampoco podrá generar ingresos suficientes como para continuar con los otros principios de la ley, dado que, los ingresos que se generan en esta condición solo sirven para cubrir el gasto de subsistencia de vida; no más.

En estas dos circunstancias, al no generar ingresos o al no ser los suficientes como para disponer un ahorro: ¿Cómo puede avanzar a los otros pasos de la ley?, la respuesta: No podrían.

Si esta persona, en su propósito de avanzar solicita un préstamo para adquirir un factor productivo; y de esta manera, así poder generar ingresos y seguir los otros pasos establecidos en la ley: La verdad, es que quien no posea nada, nada refiriéndonos al único factor productivo, el trabajo sin formación, el sistema bancario no les dar préstamos [*] para adquirir factores productivos; en el mejor de los casos, les da pequeños créditos para el consumo; y ello, no genera riqueza más bien disminuye el ingreso del futuro, como consecuencia, de los pagos que se deben hacer para liquidar el crédito y los intereses que genere este.

[*] Se entiende que los bancos deben de cuidar y asegurarse que los prestamos que hagan deben ser reintegrados de nuevos, dado que, el dinero prestado es propiedad de los depositantes y el banco tiene la responsabilidad y el mandato de la ley de proteger los depósitos. Por lo anterior, es que el banco no presta dinero a quienes no posean un patrimonio solvente y tenga flujos de ingresos con que respalden el crédito.

Por su parte, el empleo de los factores productivos es lo que genera el producto: Bienes y servicios. Esta actividad es la base del dinero; lo que significa, que a partir de la generación del producto es que se va a crear el ingreso (el dinero); entre otras, para comercializar tal producto, es así, como se genera y se crea el ingreso.

En efecto, el ingreso nace con la producción de bienes y servicio; y esta, nace con el empleo de los factores productivos; y los factores productivos nacen uno en la vida misma de la persona: El trabajo; mientras que, el conocimiento se forma [*]; la tierra como fuente de recursos yace en la naturaleza; y el capital, nace de todos los factores, del conocimiento-trabajo-tecnología y de la tierra. En definitiva, el ingreso se debe al producto; y el producto se debe al empleo de los factores productivos (tierra, conocimiento-trabajo y capital).

[*] En el conocimiento de las leyes del mundo real para generar el productos.

2do.P
• Empleo de los factores productivos

La máxima a aprender de este paso es:

El empleo de los Factores Productivos: Generan una remuneracion como concecuencia de su participacion en el proceso productivo; solo de esta manera, es que se generar el ingreso.

3er. Principio; Prever un Ahorro, de los Ingresos:

Una vez generado el ingreso, en el segundo principio, este va a hacer destinado al consumo o al ahorro: Solo estos dos son el destino del ingreso. La ley de la generación y acumulación del ingreso establece que para generar más ingresos y para acumular riqueza se debe prever un ahorro de los ingresos; lo que significa, que quienes se propongan la generación de más ingresos, inclusive las riquezas, deben ahorrar una parte de sus ingresos para dedicarlos a la inversión; dado que, esta última es la que genera el dinero nuevo y, con ello, su acumulación.

De modo, que si una persona tiene el ingreso en función de los principios 1 y 2; y esta, decide consumirse sus ingresos en gastos de vida y lujos, si estos se los permitieran, y no previera el ahorro que señala la economía en esta ley; entonces, esta persona, en principio, no podrá aumentar sus ingreso y, por lo tanto, no alcanzara ni el avance de clase social ni, mucho menos, acumular riquezas; dado que, incumple el 3er. principio económico de la ley de la acumulación del ingreso.

Principio que consiste en prever un ahorro; para luego, ser invertido en una unidad de negocio: Generadora de dinero nuevo. De lo contrario, de no prever el ahorro: No podrá haber tal generación; dado que, de consumirse los ingresos generados sin prever un ahorro: No podría haber nuevas reinversiones; y de no haber nuevas reinversiones: El ingreso que se genere en el futuro será igual al del presente; puesto que, los factores productivos son los mismos, la única forma de que estos puedan ser incrementados es con la reinversión. Y de ser consistente con esta política, la de consumirse los ingresos sin prever ahorros: Es no cumplir con este principio; en tal sentido, la ley de la generación y acumulación de las riquezas no perdonara a esta persona, empresa, sociedad o país y, por lo tanto, no alcanzaran superar su clase social ni acumular riquezas.

3er.P • Prever un ahorro de los ingresos

La máxima a aprender de este paso es:

> Prever un Ahorro de los Ingresos: El ingreso tiene solo dos destinos, el Consumo y el Ahorro. El ahorro se convierte en inversion, lo que genera dinero nuevo; solo de esta manera, es que se aumenta el ingreso del futuro.

4to. Principio; Inversión de los ahorros y generar ingresos a partir de ello:

Una vez formado el ahorro, en el 3er. Principio de esta ley, pasamos a la inversión de estos con el propósito de generar más ingresos; conducentes, a la formación de riqueza. Para acometer la actividad de inversiones es conveniente tener en cuenta que es y que no es inversión; dado que, para una parte de las personas, la inversión es asociada a las compras de activos y, si bien es así, una parte, estos deben ser exclusivamente dedicados a la producción de algún bien o servicio: La dedicación a la producción es lo que lo caracteriza, entre otras, de inversión; ello debe tenerse en claro.

En particular, si una persona cumple los tres primeros pasos: Posee uno o varios factores productivos; los emplea y genera el ingreso, y; hace un ahorro. Y este ahorro no lo invierte en un activo de inversión; sino que los mantiene en un depósito bancario, por ejemplo; tal depósito, servirá para que el sistema bancario lo preste a quienes si hacen el paso 4: Inversiones en unidades productivas; pero, no servirá a quien hizo el ahorro.

También, si la decisión es utilizar los ahorros para adquirir un bien inmueble, de creer que se está haciendo una inversión; cuando en realidad, con la compra de un bien inmueble lo que se está haciendo es otro tipo de ahorro, distinto al depósito más no es una inversión como tal. Esta medida, por lo general, lo que hace es proteger los ahorro de los efectos de la inflación; más ello, no es inversión y, por lo tanto, no genera dinero nuevo de forma significativa; ello, en una economía que funcione normalmente con relativo equilibrio.

Veamos, ¿cómo se explica que la compra de inmuebles no es inversión?: Por una parte, al pasar un tiempo y se decida vender el bien inmueble, el mercado le pagara el precio del momento, el del mercado; ¿y qué hará con ese dinero?: Comprar un bien inmueble que valga lo mismo y este en las mismas condiciones, ósea: El que se vendió; donde está la inversión, si los bienes finales se venden a precio de mercado.

Ciertamente, ninguna persona que se proponga el avance de clase social y la formación de riqueza debe ahorra en el sistema bancario para que otros inviertan su dinero por ella; como tampoco, deben compran bienes inmuebles como inversión, al menos que estos inmuebles no sean bienes finales, es decir, al menos que estén en una etapa de la producción. Toda etapa de producción genera un valor agregado y, por tanto, es una inversión que genera beneficios; los bienes finales no agregan valor, al menos que sean comprados al mayor para revender.

Por lo tanto, de ahorrar en el sistema bancario y de comprar bienes inmuebles como inversión; entonces, las personas de esta decisión no podrán aumentar los ingresos, dado que, los ahorros no son destinado a una autentica inversión; en tal sentido, se incumple el 4to. Principio económico de esta ley: Al no invertir los ahorros en unidades productivas.

De lo que entendemos, es que si la inversión no es inversión aunque parezca inversión; o, si le dejamos nuestros ahorros a los bancos para que otros inviertan por nosotros: La ley de la generación de riqueza no perdonara a quien omita el 4to. Principio: Inversión de los ahorros.

La máxima a aprender de este paso es:

> Inversión de los ahorros en unidades de negocios generadoras de dinero nuevo; solo de esta manera: Es que se forma mas ingresos.

5to. Principio; Reinversión de los nuevos ingresos, para Acumular Riqueza:

La ley de la generación del ingreso comprende los principios del 1ro. Al 2do. En ella se estudia la posesión y empleo de los factores productivos: Con lo que se genera el ingreso. Una vez generado el ingreso, una parte de este, se dedica al ahorro; con el ahorro se hacen las inversiones: De las que resulta, la generación de más dinero. Todo ello es: La ley de la generación del ingreso y la acumulación de riqueza.

Si se reinvierten los beneficios generados en el empleo de los factores productivos o en la inversión: Es porque se pretende aumentar los futuros ingresos; y de ser consistente con esta política, la de reinversión: Es porque se pretende formar un capital o riqueza. Ello es lo que estudia la ley de la acumulación de las riquezas.

En tal sentido, la ley de la acumulación de la riqueza, el 5to principio, establece que para formar una fortuna se debe reinvertir los beneficios hasta lograr acumular riqueza. Si no se reinvierten los beneficios; esto es, si uno no se apuesta a uno mismo, difícilmente los demás puedan hacerlo, salvo en algunos casos; lo que significa, que la ausencia de reinversiones limita el crecimiento y, por lo tanto, se hace imposible lograr acumular riqueza.

Efectivamente, si una persona cumple los cuatro (4) principios, señalados, para generar ingresos y no cumple el 5to. Principio: Ésta será bien acomodada, si el negocio es bueno, puede además, que ostente los símbolos de las riquezas; pero, no lograra la acumulación de riqueza por incumplir el 5to. Principio.

Para ilustrar el incumplimiento del 5to. Principio; examinamos el siguiente ejemplo: Si una persona posee un local, casa y vehículo, las tres de su propiedad; en su local tiene establecido un negocio, el cual pudiera ser: Una sastrería, abasto, taller mecánico, taller de costura, restauran, peluquería o cualquier otro que funcione relativamente bien. Estamos hablando de una persona, que primero, tiene tranquilidad al tener vivienda y vehículo, ambos propios; que además, posee todos los factores productivos y ha tenido éxito en la generación de dinero nuevo: Consecuencia de materializar los primeros cuatro principios. Pero, de incumplir el 5to. Principio económico de la ley, al no ser consistente con una política de reinversión: No podrá alcanzar aumentar sus ingresos y, por tanto, no lograra acumular riquezas, no verdaderamente.

5to. P • Reinversión de los Beneficios

La máxima a aprender de este paso es:

Reinversión de los Beneficios: Es generar ingresos de forma acelerada; solo de esta manera, es que se fomenta la acumulación del capital.

6to. Principio; + Inversión, para Acumular Riqueza:

Si al 5to. Principio de esta ley le sumamos nuevas inversiones; se obtendría: La ley de la acumulación de la riqueza, en su máxima capacidad.

Si se reinvierten los beneficios, generados por la inversión; y, además de ellos, agregamos más inversiones; de ser consistentes con esta política: Reinversión; mas, Inversión: Se estaría en la formación de más capital o riqueza, de forma más acelerada, que con los ingresos obtenidos por la sola reinversión. Ello, es lo que estudia el 6to. Principio de la ley de la acumulación de las riquezas.

De modo, que la ley de la acumulación de la riqueza, en el 6to. Principio, establece el crecimiento del capital de la forma más rápida habida.

6to. p • **+ Inversiones**

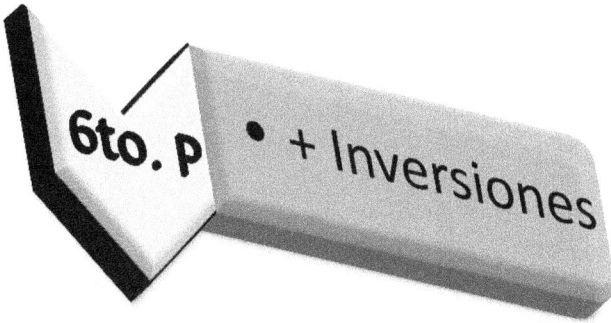

La máxima a aprender de este paso es:

> + Inversiones: Es generar ingresos a la maxima capacidad habida; solo de esta manera, es que se logra la acumulación de mas capital: Es la formula de los billonarios.

La Ley de la Generación del Ingreso y de la Acumulación de Riqueza en los SISTEMAS ECONÓMICOS:

La humanidad ha tenido cincos sistemas económicos: El primitivo; el esclavista; el feudal; el capitalista, y; el comunista-socialista. En los cuales, ha tenido lugar la generación del ingreso y la acumulación de riqueza, en los términos planteados por esta ley; marcado solo con una diferencia: El grado de democratización al acceso a esta.

Como se ha expuesto anteriormente, la ley del ingreso y de la riqueza, en la forma y modo de generar riqueza, es una verdad infalible, segura y cierta nadie puede modificarla; esta ha estado vigente en todos los sistemas económicos que ha tenido la humanidad. En todos los sistemas económicos, la generación del ingreso se deriva del producto creado y, este a su vez, se deriva del empleo de los factores productivos. También, los factores productivos (tierra, conocimiento-trabajo y capital) han sido los mismos en todos los sistemas.

Gerardo E. Blanco

Lo que significa, que el valor del dinero se basa en la producción de bienes y servicios, en todos los sistemas; ésta, se deben al empleo de los factores productivo, y; por lo tanto, la acumulación de las riquezas son determinadas: Por la posesión y empleo de los factores productivos, en todos los sistemas.

A pesar de que ésta ha estado vigente en todos los sistemas; no todas las personas han tenidos las mismas oportunidades en el acceso a las riquezas; dado que, en algunos sistemas, esta ley se ejerce por fuerza, es decir, ésta viene determinada por unas normas jurídicas hechas a la medida de los grupos dominantes, según los intereses de estos: Acumular riquezas, pero solo el grupo.

De lo anterior, es pues de nuestro interés, exponerles: Las variantes que determinan el acceso a las riquezas, las diferencias entre las clases sociales, e identificar el sistema que mejor beneficia a la humanidad en el sentido de acceso al ingreso y a las riquezas.

Comunista-Socialista:
Para el sistema comunista-socialista, la ley, también, tiene vigencia, solo que no aplica para el sector privado: Las personas, familias y empresas; pero, si aplica para el Estado; dado que, este es quien posee la propiedad de los factores productivos; es decir, en el sistema comunista-socialista la ley es vigente, lo que cambia es que existe una discriminación de quienes pueden crear riquezas y quienes no: Solo el Gobierno y los hombres que controlan el poder, esto es: Capitalismo de Estado y de una reducida dirigencia.

Este sistema, niegan el capitalismo o, lo que es lo mismo, niega la ley de la generación del ingreso y acumulación de riqueza para el sector privado; pero, estos la acogen solo para ellos, el Gobierno y para el grupo dirigente, los hombres que detentan el poder.

Es pues, que se señala que en el sistema comunista-socialista esta ley es sesgada (no democrática), dado que, se permite solo a la dirigencia política y al Gobierno; de lo que resulta: La eliminación de clases sociales, es decir, en este sistema todos sus miembros pertenecen a una única clase social: La trabajadora (la prole, la pobre), la cual, tiene negado el uso de esta ley; también, existe otra clase, la de los dirigentes, los hombres que controlan el poder y los medios de producción.

El porcentaje de personas agrupadas en la única clase social, la trabajadora es más del 99%, lo que lo constituye en el sistema más injusto y perjudicial para la humanidad: No hay clases sociales y, por lo tanto, no hay avance de clases: Por ley todos son pobres; excepto la dirigencia política y los líderes militares.

El sistema comunista-socialista es idéntico al sistema primitivo, esclavista y feudal, en el sentido de que estos, también, se caracterizaron por agrupar a la sociedad en dos grupos: Los señores, amo o dueños; y los vasallos, súbditos o trabajadores, por llamarlos de alguna manera. Todos estos sistemas han sido distintos al capitalista. Veámoslo.

En el primitivo: La sociedad se agrupa en trabajadores; y en un pequeño grupo, los dirigentes: Ancianos, caudillos, militares y sacerdotes.

En el esclavista: La sociedad se agrupa en trabajadores, en estado de esclavitud; y el, pequeño, grupo que la controlaba, los amo o señores.

En el Feudalismo: La sociedad se agrupa en trabajadores, son los vasallos o los súbditos; y el, pequeño, grupo que la controlaba, los dueños los señores o los Reyes.

En el Comunista-Socialista: La sociedad se agrupa en trabajadores, la prole; y un pequeño grupo que la controla, los dirigentes políticos y militares.

De modo, que la ley de la generación del ingreso y de la acumulación de riqueza es vigente en todos estos sistemas: si, los factores productivos son los que generan la producción de bienes y servicios; y con esta, el ingreso o riqueza; solo que en estos sistemas, el grupo dominante es quien hace uso de esta ley, nadie más. Por tal razón, en estos sistemas no hay avances de clases sociales, además, por que estas no existen; y no existen, porque se les tiene negado, por fuerza o por ley, el acceso a las riquezas. En estos sistemas, la mayor parte de la población se concentra en el grupo de los trabajadores.

Gracias a Dios, que estos sistemas son historia; excepto, el sistema comunista-socialista que tiene presencia en unas pocas naciones; pero no eternamente, dado que, la característica principal que debe tener un sistema para extinguirse: Es sobre explotar a la sociedad; y este sistema cumple con esta característica.

Sistema Capitalista:

En el sistema capitalista, la ley se cumple tal como se ha señalado. En este sistema, todos somos dueño del principal factor productivo, el trabajo-conocimiento; todos tenemos acceso a formarnos y ser profesionales y técnicos, lo cual, es la primera condición de esta ley: La posesión de uno o varios factores productivos. A partir de esta primera condición, todos ganamos un ingreso en función de nuestra participación y esfuerzo en el proceso productivo; y con este ingreso, todos somos libres al elegir: Si ahorramos o consumimos, en principio; o si invertimos y reinvertimos.

Es pues, que se señala, que en el sistema capitalista esta ley es más democrática, dado que, hay libertad para el acceso a esta ley y; por lo tanto, la gente escoge superarse y avanzar hacia clases sociales superiores. Esta ley llega a más gente en este sistema que en el resto de los sistemas; de lo que resulta: Clases sociales A, B y C amparadas todas estas en los lineamientos de esta ley; el porcentaje de personas agrupadas en estas clases sociales son de mayor cuantía que en otros sistema, a pesar de las fallas que se presentan. Fallas que, en parte, se deben a la falta de conocimiento de economía y finanzas en los países pobres y en desarrollos.

Finalmente, todo lo expuesto sobre la ley del ingreso y de la riqueza, en los diferentes sistemas económicos es para tener en claro, cual es el sistema más conveniente para la generación de riqueza, y; en tal sentido, comprender que la administración política y estructura económica de las naciones es de suma importancia, dado que, esta es determinante en la generación del ingreso, la riqueza y su democratización.

Saben, el ejercicio político dicta las normas; y estas, según el sistema, pueden dar la oportunidad para el avance de clases sociales; como también, puede negar esa oportunidad. Como en efecto, ha sucedido, y; en la actualidad, sucede en algunas naciones.

Generalidades de la Ley de la Generación del Ingreso y de la Acumulación de Riqueza:

Generalidades que consisten, entre otras; por una parte, aclarar que el término: Violación de la ley, en esta y en el resto de las leyes económicas, no es tal; en vez de este, es más bien: Incumplimiento de la ley. Porque esta no se puede violar: Las leyes de la economía son absolutamente inviolables; pero, esta ley en particular si se pueden incumplir. No se puede violar esta ley y llegar a ser rico, salvo con las cuatro únicas excepciones: La donación de una fortuna, la herencia, la de ganar la lotería y la ilegal (corrupción y la apropiación indebida de lo ajeno) de otra manera no es posible; mientras que, si se puede incumplir la ley y ser pobre. Ello debe tenerse en claro.

Por otra parte, lo que predice la ley de la generación del ingreso y de la acumulación de riqueza está escrito en las leyes positivas u objetivas de la economía, esto es, en la objetividad de los hechos.

Lo normativo o subjetivo de esta ley existe solo de manera externa, quiere decir, que es una decisión de las personas: Si se forman o no; si trabajan o no; si generan ingreso y qué cantidad se consume de este; si deben ahorrar o no; si el ahorro lo invierten o no. Estas decisiones, a tomar por las personas, familias, empresas, sociedades o países es una cuestión subjetiva que puede ser confrontada según el parecer de cada quien. Cada uno de ustedes, es un actor en esta realidad; que de decidir ser pobre: Será pobre; si decide ser clase media: Será clase media; y si decide ser rico: Será rico. Siempre que cumpla los parámetros exigidos para cada uno de estos estados o condición económica, las leyes del mundo real.

Si decide, el avance de clases sociales, pues deberá esforzarse por cumplir los requerimientos exigidos por esta ley; y ello, es lo que el actor no puede discutir o disentir de la ley positiva u objetiva: Que esta no tiene excepciones, es inviolable.

La mayor parte de la población mundial, por lo general, ignoran las leyes de la economía y de las finanzas, conducentes estas, a la generación del ingreso y su acumulación, las riquezas. Ello explica, en parte, que haya más pobres que ricos; recordemos que el 90% de la población mundial es pobre y, en parte, se debe al desconocimiento de las leyes económicas y financieras, entre otras.

Comprender las leyes de la economía es crucial para avanzar hacia un estado mejorado de la condición económica, se refiere, a un estado de solvencia económica.

Analizando la inviolabilidad de las leyes económicas y, en particular, la de la generación del ingreso y de las riquezas; a partir del cumplimiento de esta, en todas sus partes, los seis principios, una persona, familia, empresas, sociedad o país logra generar ingresos y acumularlos. El que logre comprender las leyes de la economía, esta le exhibirá como trofeo: El avance de clase social y las riquezas, al que cumpla los 6 principios de esta ley; y demás leyes económicas.

4. **CONDICIÓN DE LA MENTE**; El Pensamiento y el Conocimiento

El estudio del pensamiento humano y su conocimiento es un factor determinante en la materialización de las cosas, en el mundo real. Sea cual quiera cosa que el hombre se proponga, este debe valerse del pensamiento y del conocimiento; es de esta manera, que el hombre alcanza realizar todas sus actividades, incluyendo la actividad económica generadora del ingreso. Entonces, el pensamiento y el conocimiento sobre la economía y las finanzas, sus lecciones, leyes y principios, permitirán el logro satisfactorio de todas las necesidades humanas; dado que, todas éstas se cubren a partir de la actividad económica. Y en definitiva, todas las cosas que existen, en principio, se fundamentan en el pensamiento y el conocimiento.

Conocimiento que se debe tener de las leyes del mundo real para poder producir lo que se fije el hombre. Es pues, que el conocimiento es el principal activo que posee una persona; lo que lo constituye: En la primera determinante, de todas las cosas que se propongan el hombre. Por su parte, el avance de clase social, la generación del ingreso y la acumulación de riqueza son proporcionales al nivel de desarrollo del conocimiento; lo que significa, que a mayor conocimiento: Mayor es el desarrollo económico, y; a menor conocimiento: Menor es el desarrollo económico.

El entendimiento del principal factor productivo, el conocimiento, se va a exponer considerando: El pensamiento; el proceso de información; la formación del conocimiento, derivado de la información; la condición mental, en función de la acción de la mente, el pensamiento, y; el sistema de pensamiento junto con los objetivos que se planteen; entre otros. Tales objetivos van a estar orientados en la promoción de las clases sociales, la formación del ingreso y la acumulación de riqueza.

El Pensamiento:
En el estudio del pensamiento humano, los expertos en psicología, los que hacen ciencia en esta área, sentencian: Ninguna materialización producto de una acción humana puede ser generada si esta no allá existido primero en la mente, como pensamiento. Es decir, todo el mundo material donde se encuentre la acción del hombre, antes de existir como tal, en el mundo real, primero existió en la mente.

La actividad práctica humana es imposible sin el pensamiento. El pensamiento es indispensable para planear y realizar algo. El pensamiento precede a la actividad. Al actuar, el sujeto piensa sus actos, proyecta lo que es necesario hacer, que cambios debe realizar en su actividad y como vencer las dificultades que se le presentan. (Academia de Ciencias Pedagógicas, (1960); p. 235)

Ahora, un pensamiento es producido por una acción mental; y ésta, es función o está determinada: 1º, por procesar información; 2º, por la formación del conocimiento, y; 3º, por un sistema de pensamiento. Básicamente; veamos cada una.

Información y Conocimiento:

El procesar información va a determinar el conocimiento. Según la información procesada; esta, va a determinar un conocimientos: Informal o coloquial, común o general, también llamado: Vulgar; o conocimiento especial o técnico, también llamado: Científico.

Si la información emana del saber popular produce un conocimiento: Común, general, informal o vulgar (Arias, F. (2006); p. 14); en cambio, si la información emana de la ciencia, como lo es el producto de una investigación lograda a partir del método científico: En el que ha habido una verificación, objetividad, método, sistema y predicción (Sabino, 2000)* [información del estudio formal de las cosas]; entonces, produce un conocimiento: Científico o cierto de las cosas.

*Citado por Arias, F. (2006). p. 14.

El conocimiento informal o coloquial, e incluso el vulgar, es el que se forma o se hace en la cotidianidad, en el desenvolvimiento de las personas no educadas o no técnicas; ello, por la ausencia del estudio formal de las cosas. Este conocimiento es subjetivo y, por ende, es incierto: No se propone el conocimiento de la verdad.

Mientras que, **el conocimiento técnico o científico** es el que se forma en el estudio formal de cualquier campo o área del saber. Este conocimiento es, contrario al informal, objetivo y procura el "conocimiento cierto de las cosas por sus principios y causas": Y se propone el conocimiento de la verdad.

De acuerdo a lo expuesto, lo recomendable es o el deber ser es: Que las personas, el ciudadano común, deban valerse del conocimiento formal, técnico o científico para poder entender los "principios y causas" que determinan las cosas. Y con ello: Poder materializar con éxito lo que se propongan en la vida.

> **¿Qué es *ciudadano común*?**: Todas las personas son *ciudadano común* respecto de alguna área del saber. Se conoce como: El hombre de la calle. Por ejemplo: Un medico es un *ciudadano común* para cualquier área de estudio, con excepción de la ciencia de la medicina; así también, un economista no es *ciudadano común* para las ciencias económicas, pero, sí lo es para la medicina, la ingeniería, la mecánica automotriz y para el resto de las áreas del saber. Lo que significa, que todos somos *ciudadano común*, en consecuencia, todos necesitamos leer a los especialistas que escriben para: El *ciudadano común*.

Resulta conveniente aclarar que: Ciencia no significa incomprensible o inalcanzable; o, que no se puedan entender; o, que ello es para unas pocas personas. Sabemos, que hay escritos dirigidos a la comunidad científica, incluye a sus estudiantes e investigadores; y otros, dirigidos al ciudadano común; ambos para informar y formar un conocimiento. Nosotros, debemos tener claro que es lo que debemos leer para no entrar en conflicto: De esta manera, el conocimiento cierto de las cosas resultara comprensible, alcanzable y de acceso amplio para todos; porque todo ciudadano común puede tener información y conocimiento cierto de todas las cosas.

Efectivamente, este libro es un ejemplo de ello; en este, se enseña la ciencia de la generación del dinero, su acumulación y capacidad de generarlo para personas que no hacen actividad practica-científica en economía y finanzas. Y ello, se puede aprender y debe ser estudiado por todos; si buscamos maximizar los recursos disponibles, los años de actividad productiva en nuestras vidas y maximizar la utilidad de todo lo que emprendamos; todo ello, con el propósito de satisfacer todas las necesidades. Y para ello, se requiere que actuemos con responsabilidad para con nosotros mismo: Lo que significa, es que debemos leer a los especialistas.

De modo, que se recomienda la lectura frecuente de libros dedicados al ciudadano común, para que puedan ser entendidos; tales libros, deben ser escritos por sus especialistas para garantizar que la información sea cierta; y con ello, se cuidan de no acceder a información subjetiva, la cual, no responda a la verdad de las cosas.

Saben, no es necesario ir a la universidad a estudiar de todo; para saberlo todo. Porque pasáramos toda la vida en la universidad y la dinámica de la vida humana no lo permite. Lo que quiere decir, es que necesitamos tiempo para trabajar y así lograr cubrir todas nuestras necesidades, las cuales, son infinitas*. Por lo tanto, lo que debemos es: Leer toda la vida.

> * Una necesidad satisfecha genera otra necesidad, son infinitas.

Veamos un ejemplo:
Si una persona va a contraer matrimonio: Lea un libro sobre el matrimonio y asegúrense de que sea escrito por

un psicólogo; otro, si va a trabajar para generar ingresos y cubrir las necesidades de vida, como también, si desea promover el avance de clase social, la generación del ingreso y la acumulación de riqueza: Lea libros sobre economía, finanzas e inversiones y, también, asegúrense de que sean escritos por su especialista natural, un economista o financiero*.

> * En la actualidad, es muy común conseguir a personas, ajenas a la ciencia económica, que invaden este campo de estudio e intentan ilegalmente ejercer la profesión del economista, para lo que no están formados: Tratando de enseñar sobre el dinero al ciudadano común; valiéndose de que estos son: Ciudadano común.

En general, para que un conocimiento pueda formarse en el cerebro humano, este debe necesariamente poseer información, cualquiera sea esta. Ello se debe, a que el cerebro es el único órgano del cuerpo humano que trabaja con información; a diferencia del resto de los órganos, por ejemplo: El estómago, tiene la función de procesar los alimentos con los jugos digestivos y, además, de transportar los alimentos digeridos hacia el intestino; no tiene más funciones. El resto de los órganos tienen, también, funciones específicas.

Mientras que, las funciones del cerebro, además de las funciones orgánicas, son: Procesar información y; con esta, formarse un conocimiento; una vez formado el conocimiento: Tiene por actividad el pensamiento.

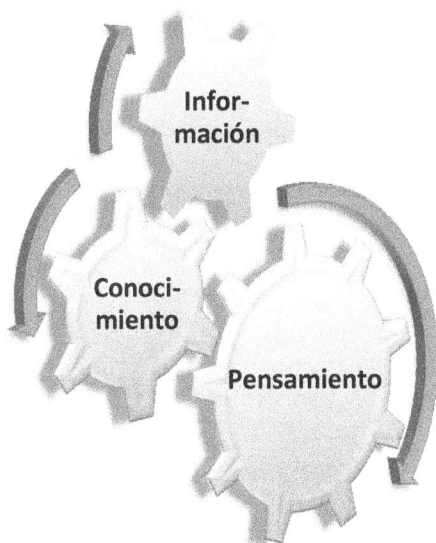

Figura 2; Ilustración de la actividad o acción mental desarrollada en el cerebro.

Con el pensamiento se interconectan los conocimientos; los cuales, son varios; y con ellos, se forma: Un sistema de pensamiento.

Sistema de Pensamiento:

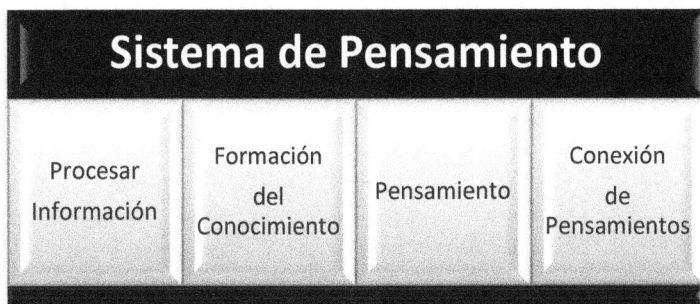

Con el sistema de pensamiento se ordenan los pensamientos, se toman decisiones y se trasmite órdenes al cuerpo; las cuales, se materializan; tal materialización, no es otra cosa que: Todo lo que hacemos; esto es, la actividad humana; incluye, por supuesto, la actividad económica.

Teniendo en cuenta lo expuesto sobre la información, el conocimiento, el pensamiento y el sistema de pensamientos se puede identificar una relación de principios y causas o de acciones y resultados. Veámosla.

Una de las acciones o condición de la mente es: El procesamiento de información, acción 1ª; y con esta: El logro del conocimiento, resultado 1º.

Este resultado va a determinar: El pensamiento y el sistema de pensamiento, acción 2ª; y este, a su vez, determina: Un conocimiento maestro, de niveles más amplios, resultado 2º.

En síntesis, todo este proceso se podría llamar: Acción mental sujeta a la conciencia; esta viene siendo el conocimiento que se tiene de los actos y de las cosas, por parte del sujeto; esta es, además, una actividad continua que no cesa, dado que, las personas están constantemente recibiendo información.

Información consciente cuando estas tienen por objetivo una determinada información de tipo formal; y lo contrario a esta, es el acceso a información de carácter informal (vulgar).

De manera, que la acción mental siempre está presente, bien sea, sujeta a la conciencia o al saber popular. Al procesar información del saber popular (vulgar), es decir, información que no procura el conocimiento cierto y verdadero de las cosas; toda la acción mental tendría también lugar; pero, no estaría fundada en el conocimiento cierto de sus actos y de las cosas.

Sistema Administrativo:

De la actividad mental se derivan otros procesos: Si, partiendo del conocimiento ya logrado, éste antes de materializarse en una acción, se tienen las fases de: Planificación; organización; ejecución y control. Y a posterior, en función de todo este proceso, la acción mental: Se materializa en el mundo real.

Sistema Administrativo

Planificación	Organización	Ejecución	Control

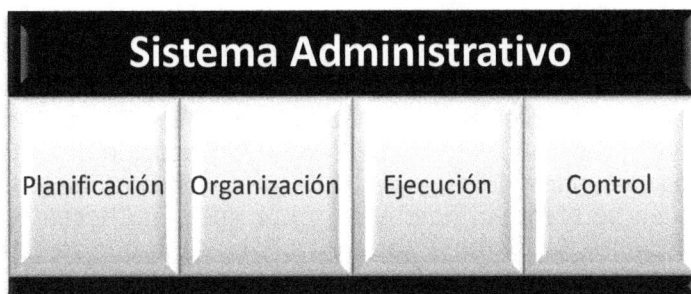

En general, el estado mental de una persona viene determinado por una acción mental, en la que se procesa información; a partir de esta, se logra un conocimiento; y a partir de este, se plantean unos objetivos y metas; y en función de estos, se planifica, se organiza y se ejecuta la acción de los objetivos planificados y organizados, y; luego, se comparan los resultados con lo planeado, lográndose algún entendimiento o mejora, lo que puede entenderse por control. Este proceso, se conoce como: Sistema administrativo.*

*¿Qué es *Sistema Administrativo?*: Es el proceso de planificar, organizar, ejecutar y controlar. Se estudia en las ciencias económicas, en el área de administración. El mismo fue deducido y copiado de la mente humana. P. Ej. De la misma manera que el hombre copio las memorias del cerebro: El ser humano tiene memoria, porque no hacer un aparato electrónico que registre datos y memorias: De hecho, los hizo (agendas electrónicas, los teléfonos, etc.).

Este sistema se reinicia infinitas veces y se hace interminable, es tan común y propio en los seres humanos que a veces no lo pensamos ni nos damos cuenta que ello está ahí en nuestra mente: Precediendo todo lo que hacemos en el mundo real.

En la práctica, existen grupos reducidos de personas, familias, empresas y sociedades o países que se plantean objetivos; para lo que hacen uso consciente del sistema administrativo; del cual, se puede lograr una mayor precisión y efectividad en la consecución de objetivos deseados. Ello respecto de otros grupos, los cuales, no se plantean objetivos y, por ende, no hacen uso consciente del sistema administrativo; de lo que resulta, una inefectividad en la satisfacción de necesidades. Es pues, que se recomienda el planteamiento de objetivos y de su respectivo procesamiento en el sistema administrativo.

En resumen, la acción mental es la actividad del pensamiento sobre el conocimiento; ello es la actividad de la mente. Esta actividad mental es indispensable para que el hombre pueda materializar lo que se proponga; si, lo que una vez existió en su mente es, luego, el mundo material, la producción: De aquí, primero en la mente; luego, en el mundo material.

El mundo real está formado por ambas, esto es, el mundo mental o intelectual, el que no se ve, pero, está ahí; y por el mundo material, el que se ve, la producción de bienes y servicios; este es: Producto del mundo mental.

Mundo Real = Mundo mental + Mundo material

Figura 3: Ilustración del mundo real.

Y por último, señalamos que una parte del conocimiento humano sobre las leyes que rigen al mundo real está formado por un conocimiento económico más uno operacional, entre otros; el cual, se forma no nacen con las personas; y es una variable explicativa en la generación y acumulación del ingreso [Este lo abordamos ampliamente, luego de presentarles la 6ª lección y la condición mental].

2

2Gerardo E. Blanco

7ª

LEY

APRENDE A VALORAR TU PRINCIPAL ACTIVO: TU MENTE.

LA ACTIVIDAD DE LA MENTE HUMANA ES EL FACTOR PRINCIPAL QUE PRECEDE AL MUNDO MATERIAL.
LA INFORMACIÓN, EL CONOCIMIENTO, EL PENSAMIENTO Y EL SISTEMA DE PENSAMIENTO ES EL PRIMER FACTOR PRODUCTIVO; ESTE, DICTA LAS ACCIONES AL RESTO DE LOS FACTORES, CON EL PROPÓSITO DE MATERIALIZAR TODO EL MUNDO REAL. SI SE PRETENDE ELEVAR LAS FINANZAS: DEBE SER TOMADA EN CUENTA.

CONSIDERACIONES PRÁCTICAS
Así como se explicó que las leyes económicas que existen sobre el dinero y las riquezas deben ser tomadas en cuenta para llegar a tal fin: La posesión de riqueza. La acción mental, también, para lograr materializar la actividad económica y todo lo que hagamos en la vida.

Acción mental = Condición mental.
Si una persona no aprende información técnica o formal sobre el dinero; como podría promover el avance de clase social, la generación del ingreso y la acumulación de riquezas: No puede. Sabemos que existe información vulgar o informal; la cual, se adquiere en la calle, a veces hasta escrita en libros; libros en los que no se prevé

el conocimiento objetivo, seguro y cierto de las cosas, incluyendo los que plantean u ofrecen información para lograr riquezas.

Tales libros, fundamentan como mensajes de enseñanzas, títulos como: "si lees, puedes ser rico"; "si piensas, puedes ser rico"; "si usas el cerebro, puedes ser rico"; "si te lo propones, puedes ser rico"; "si sabes el secreto, puedes ser rico"; o, "si conoces las leyes de la atracción, puedes ser rico"; etc.

Condiciones estas, según sus autores, para alcanzar la generación de riqueza; como si se tratase, por una parte, de la voluntad humana; como si el hombre, "si se lo propone" podría cambiar las reglas del mundo real y de manera mágica producir riqueza: Verdaderamente, es totalmente falso.

Estas supuestas condiciones, quieren decir: Que la generación de las riquezas se debe exclusivamente a la información, conocimiento, pensamiento, fe y voluntad humana como única condición para alcanzar las riquezas; lo cual, no es así. Si es, en parte, una condición; pero, no es la fundamental; la fundamental es: Las leyes económicas y financieras.

Revisemos cada una de las propuestas señaladas:

El leer, si es indispensable, dado que, al procesar información al leer, esta va a formar el conocimiento; lo cual, ello debe hacerse necesariamente sobre la base que determina la formación del dinero; y luego, de generar la actividad correspondiente en el mundo material: Es cuando se produce la generación del ingreso o riqueza. Y no como han planteado, algunos, que el solo hecho de "leer": "Produce riqueza."

Alguien dijo esta frase: "Uno es lo que lee". Es cierto; pero, es que si queremos aprender algo, debemos leer la materia pertinente: Para todo asunto; entonces, lo importante no radica en leer, sino más bien: En saber lo que se lee.

Todas las condiciones necesaria que conducen a la generación y acumulación de riqueza se aprenden leyendo: Estas condiciones se desarrollan en este Curso, del cual, este libro forma parte; y si es importante leer lo que queramos aprender.

Por otra parte, todos los seres humanos usamos **el pensamiento** para todo lo que hacemos; es obvio, que para generar ingresos y para crear riquezas también lo usemos. Todo lo creado por el hombre: Primero existió en la mente, en el órgano cerebral; y ser rico, no escapa a ello. Para llegar a la promoción de clase social y las riqueza se debe usar el cerebro, como se usa para hacer todo en la vida; el cuerpo humano no mueve un dedo sin la autorización del cerebro; es evidente y no necesita que lo demostremos, porque es una verdad absoluta que no necesita ser demostrada: Que para alcanzar cualquier objetivo hay que usar el cerebro o, sirve igual decir, el pensamiento; el cual, se desarrolla en el cerebro.

De igual forma, decir, que "**si te lo propones**" puedes ser rico, no es una determinante único o principal para crear riquezas, dado que, todo lo que existe se planteó como una propuesta con optimismo para crear todo lo creado; no solamente el dinero. Y si es necesario proponérselo para alcanzar las riquezas; pero, no es lo que te lleva a la riqueza como tal.

"Si te lo propones," un ejemplo de ello, es presentado por   Stephen Covey en su excelente libro: "los 7 hábitos de la gente altamente efectiva"* en él dice, parafraseándolo: Una persona podría proponerse conseguir una dirección en una ciudad, valiéndose de un mapa; ahora, imagine que el mapa de la ciudad está equivocado: La equivocación consiste en que el nombre de la ciudad que aparece en el mapa es el de otra, porque hubo un error en la imprenta. De esta manera, jamás se podrá lograr el objetivo: Conseguir la dirección. Que debe de esperarse: Por mucho que esta persona lea el plano (mapa); o se proponga conseguir la dirección, al apresurarse con mayor energía lo que conseguirá es: Darse cuenta que está equivocada.

> *Este libro es un verdadero manual de psicología y de efectividad en la vida de las personas; el cual, debe ser leído por todos.

Se entiende del ejemplo, que no basta con leer; con proponérselo; con usar el cerebro o pensar: Si no que es realmente vital e importante saber si tenemos el mapa o los planos correctos. De tener los planos correctos* es necesario leer, proponérselo y usar el cerebro, el pensar, entre otras actividades. Esta combinación es lo que te lleva al logro de objetivos o al éxito definitivamente: Combinación fundada en una dirección correcta para poder materializar lo que nos proponemos, incluyendo el avance de clase social o ser rico, por ejemplo.

> *Los planos correctos*, en finanzas personales, es el propósito que nos hemos planteado; la elaboración de verdaderos manuales sobre el dinero: **Curso de Finanzas Personales**; para ofrecer al 90% de la población mundial, una herramienta objetiva que les permita el aprendizaje y, con ello, el avance de clase social.

También sirve igual decir, que "**el secreto para ser rico**" no es tal, no existe ningún "secreto" para ser rico y mucho menos cuando le dan como determinante un matiz mágico o espiritual: Para alcanzar las riquezas no es tal. Toda la enseñanza sobre la generación del ingreso y acumulación de riqueza yace en las ciencias económicas y financieras: Y no es un secreto, está disponible en la literatura económica, para sus estudiantes; y en este libro, para todos.

De acuerdo a lo expuesto, "el leer," "el pensar," "el usar el cerebro" y "el proponérselo" no es una condición única que genere riqueza: Si es una condición para crearlo todo y es la primera variable que preexiste antes de ejecutar una acción humana. Todo ello se podría resumir en dos palabras: Condición mental, la cual, es requisito inicial para emprender cualquier objetivo realizable en las leyes de nuestro mundo real.

> **¿Qué es *Condición mental* o *estado mental*?**: Se debe a la acción mental; es el procesar información, formar el conocimiento, el pensamiento y el sistema de pensamiento; planear objetivos y metas, organizarlos y proponer la ejecución mental-material.

De modo, que el conocimiento formal o técnico sobre las leyes económicas deben incorporar como variable explicativa: La condición mental, como un determinante del estudio de la capacidad de la generación del ingreso, del avance de clase social y de las riquezas; ello es fundamental.

Por otra parte, resulta conveniente señalar que no todos poseemos la misma profesión, pero, sí todos sabemos las reglas básicas de la economía; dado que, para desempeñar una actividad laboral, entre otras, esta debe hacerse en el mundo de la economía. En consecuencia, todos sabemos lo básico de la economía. Revisemos ello.

El Factor Conocimiento-Trabajo:
El conocimiento de la economía más un conocimiento sobre alguna especialización es la formación integral que posee el factor conocimiento-trabajo; ambos son uno solo; pero, dos a la vez. Este factor productivo lo llamamos: Conocimiento; y es el principal de los factores.

Si la facultad del cerebro es gobernar al cuerpo; se entiende, que el factor trabajo para materializarse requiere previamente del órgano cerebral, específicamente, del conocimiento que yace allí, en el cerebro. No obstante, más adelante separamos el conocimiento del trabajo con la finalidad de destacar la importancia del conocimiento en la generación y acumulación del ingreso.

En general, la condición mental: El conocimiento, es el principal factor productivo de los seres humanos; dado que, este precede* al factor trabajo y, por ende, a todo el mundo material.

Claro, el trabajo intelectual: La búsqueda de información y procesarla precede al conocimiento; es decir, primero el trabajo intelectual, luego el conocimiento. Pero, el trabajo intelectual y el conocimiento es primero que el trabajo operacional.

Es importante separar el factor productivo conocimiento del factor trabajo; primero, porque la teoría económica debe ser explicita no implícita; es decir, se debe sentar que hay un factor productivo llamado: Conocimiento y no debe asumirse que él está allí detrás del factor trabajo; aun, la literatura económica nos presenta el trabajo, tierra y capital (factores productivos clásicos) [lo aclarado debe ser válido, por lo menos, para enseñar al ciudadano común, sobre todo, si ello es una variable que determina lo que queremos explicar: La generación del ingreso y la acumulación de riqueza].

Si este factor, el conocimiento, se presenta de forma separada del trabajo; ello aclara al ciudadano común: Que sí se tienen el factor trabajo; pero, el conocimiento no. En tal sentido, éste se debe formar o buscar, dado que, es externo como, también, lo es el capital y la tierra. Lo que significa, que el hombre sin conocimiento es un ser con manos, solamente, para dedicarlas a alguna labor manual en una situación inicial o primitiva; de sumar a las manos el conocimiento, ello es lo que lo constituye en: Trabajo sub-calificado o calificado, en parte, es lo que diferencia a clases superiores de las inferiores.

Efectivamente, para explicar la generación del ingreso y su acumulación es importante aclarar que el trabajo sin conocimiento genera ingresos bajos y no tiene acceso a la promoción de clases sociales ni a la formación de riquezas; mientras que, el trabajo con conocimiento genera ingreso medios y altos, lo cual, permiten el ahorro y, con este, las inversiones que originan el acceso a las riquezas.

Conocimiento en Economía y Operacional:

El factor productivo conocimiento está formado por El conocimiento de la economía; más un conocimiento teórico-operacional de alguna área cualquiera. Ambos en diferentes niveles de desarrollo; tal diferencia, determinan los ingresos y las riquezas, en parte.

De lo que entendemos, es que el conocimiento o habilidad en lo operacional y en economía tienen diferentes niveles de formación; por ejemplo, un ayudante de albañilería posee unas determinadas facultades que lo califican como tal: Ayudante de albañilería y, además, un conocimiento sobre economía, básico pero suficiente para su nivel, esto es, conoce: La ley de la demanda,* su restricción presupuestaria,** elige entre consumo y ahorro*** y trata de maximizar su utilidad****; entre otras, sin tecnicismo pero las conoce. De ello se trata: Que tiene conocimientos en economía más su especialización operacional, la de ayudante de albañilería.

> *** La ley de la demanda***: Predice, cuando bajan los precios de algún bien o servicio, su demanda aumenta; o si los precios aumentan, su demanda disminuye. Todos sabemos que cuando sube el precio de algo: consumimos una menos cantidad de ese algo.

** *Restricción presupuestaria*: Viene determinada al dividir el ingreso entre los precios de los bienes y servicios, con esta división se tiene la cantidad de bienes y servicios que puede un consumidor acceder con su nivel de ingreso a unos determinados precios. Todos sabemos lo que podemos comprar con el ingreso que percibimos.

*** Todos sabemos que el ingreso percibido lo dedicamos al consumo o al ahorro, y ello es una decisión que tomamos sobre nuestro ingresos.

**** Todos sabemos, que al intentar sacar el mejor provecho de las cosas, ello es **maximizar la utilidad**. Todos lo sabemos.

Para ampliar el ejemplo, citamos al ingeniero civil que, también, posee unas determinadas facultades que lo califican como tal; y de igual forma, este también, posee un conocimiento sobre economía (ya descrito en el ayudante), pero, con un nivel mejorado respecto del ayudante.

Los dos: El ayudante de albañilería y el ingeniero civil, ambos, poseen una formación operacional más un conocimiento en economía. Lo que significa, que poseen: El factor productivo conocimiento-trabajo. De esta manera, entendemos que todos poseemos los mencionados factores productivos, independientemente del nivel de desarrollo del mismo.

El nivel de desarrollo en el conocimiento operacional es el factor fundamental que va a determinar la remuneración del factor productivo conocimiento-trabajo; lo cual, es muy importante, dado que, de ello se generan los ingresos, los cuales pueden resultar ser: Bajos, medios o altos. Este conocimiento operacional, al ser respaldado por el conocimiento económico, en parte, es que se generan diferentes condiciones económicas o clases: Pobres, media-bajas, media-media, media-alta o ricas.

Si bien, es cierto que el ayudante de albañilería posee conocimientos sobre economía; éste conocimiento no es técnico, pero, si es suficiente y básico como para ser: Un ser racional. Este tipo de racionalidad es de acceso común para todos los seres humanos. Lo que significa, que si todos somos racionales en un conocimiento básico en economía; entonces, ello no marca una diferencia entre los hombres: Dado que, todos lo poseemos. De modo, que este tipo de conocimiento es nulo, es sin valor; salvo, que su único valor es: Que nos califica de seres racionales, normales; lo contrario a ello, es seres anormales o locos, es decir, sin facultades mentales.

Ahora, que es lo que si nos hace diferentes respecto de otros: Que el conocimiento básico o racional en economía evolucione hacia un conocimiento más formal; ello si determina una diferencia; diferencia, que promueve el avance de clase social.

Saben, el ingeniero debe apoyar su conocimiento operacional en un conocimiento económico de tipo más formal; ello, entendido para todas las profesiones o técnicas.

De acuerdo a lo señalado, podemos prefijar algunas conclusiones: Si una persona, familia, empresa, sociedad o país procura alcanzar un estado de riqueza o promover el avance de clase social deben empezar por considerar su primer factor productivo: El conocimiento; este, deben desarrollarlo, en la medida de sus posibilidades, para que le sirva como una especie de genialidad o factor maestro; por ejemplo, la tecnología es un determinante acelerador del proceso productivo y, ella, se originó en el conocimiento. También, las patentes son un activo intangible que se origina del conocimiento, generando invenciones y grandes activos materiales y financieros: Es decir, grandes riquezas.

Es pues, que el estudio del desarrollo económico explica por qué unos son pobres y otros ricos, a nivel macroeconómico (a nivel de país); este, considera como variable fundamental para el desarrollo económico: El factor conocimiento; medido en años de estudios. En los países más pobres, sus habitantes, tienen en promedio menos años de estudios que los habitantes de los países desarrollados o ricos: De aquí, entre otras, es que se confirma que el conocimiento es determinante en la generación y acumulación del ingreso.

Quienes se propongan generar ingresos, superar su clase social o acumular riquezas deben cultivar el conocimiento; esto es, Invertir en el cerebro, lo que significa: Invertir en buenos libros; en estudios e invertir tiempo para lograr conocimientos y desarrollarlo. La generación del ingreso y la formación de riqueza depende de forma proporcional del desarrollo del conocimiento; quiere decir, que a medida que una persona se forma, ello conduce mayores recompensas monetarias, como consecuencia, de un mayor esfuerzo en la formación: Quien sabe más, está mejor preparado para ver las oportunidades del mercado y, por ende, competir desde una mejor posición, por lo tanto, ganará más que el que sabe menos.

Saben, es importante comprender, que el valor del factor productivo conocimiento-trabajo se basa en dos elementos fundamentales: El conocimiento económico y el conocimiento operacional. Ambos son uno a la vez y de no existir uno de los dos: Jamás se podría alcanzar la producción; dado que, si no existiera el conocimiento económico seriamos animales (en el sentido extremo); si no procuramos maximizar el bienestar y la asignación eficaz de los recursos escasos existentes con racionalidad humana, lo que llamamos economía: No podríamos producir organizadamente ni inteligentemente.

Factor productivo Conocimiento: Está formado por conocimiento económico y conocimiento operacional. Del conocimiento operacional se deriva el factor productivo trabajo.

Una referencia a ello, es: Cuando el hombre era primitivo, trataba de maximizar la utilidad que le proporcionaba los bienes que hallaba en la naturaleza; y en cierta medida, en su condición limitada logro transformar cosas que estaban en la naturaleza, hasta evolucionar a nuestros días; si no hubiese poseído esta facultad: La racionalidad humana, el sentido de la economía, no habría podido crear productos; si no que continuara tomando las cosas que hallara en la naturaleza, pero, no las transformara en bienes; lo cual, es lo que lo distingue del animal: Es que este trata de entender las leyes que rigen el cambio en la naturaleza; leyes, que al conectarlas entre sí, acompañadas de otras medidas, se genera la producción: Y ello, es lo que llamamos conocimiento económico, entre otros.

En síntesis, es indispensable que coexista el conocimiento: Económico y el operacional; reunidos, en el factor productivo: Conocimiento, del que se deriva: El factor trabajo.

A partir del factor conocimiento se puede generar ingresos, promover el avance de clase social o crear riquezas; los demás factores, no podrían operar sin la dirección del factor rector: El Conocimiento; éste, es quien dirige a los factores: Trabajo, tierra y capital; todos estos junto al conocimiento, son los promotores de la producción; y esta, es la base de la generación del ingreso y de la formación de riquezas.

Analizando la información que procesa el cerebro; la cual, logra un conocimiento que permite el planteamiento de objetivos y metas; a partir del principal factor productivo: El conocimiento (económico y operacional) [formado y capacitado] una persona, familia, sociedad o país logran ser productivos en toda actividad. El que logre formar y capacitar su conocimiento; este le exhibirá como trofeo: El avance de clase social y las riquezas al que se ocupe de él.

Parte II:

**TEORÍA ECONÓMICA DE LA GENERACIÓN Y
ACUMULACIÓN DEL DINERO (INGRESO)**

5. GENERACIÓN DEL INGRESO; Inicialmente, partiendo de los Factores Productivos

[En esta segunda parte, los capítulos del 5 al 8, presentan de manera formal: La teoría económica de la generación del ingreso y su acumulación. Por definición, esta tratara: La generación del ingreso; el destino del ingreso; las inversiones; y, la reinversión. Análisis este, que va a orbitar en las finanzas personales, especialmente, con el propósito de promover el desarrollo de las finanzas de estas; a fin de que se promueva el avance de clases sociales, la mejora en la condición de vida y, en lo posible, las riquezas.]*

> * Introducción de la parte II: Teoría económica de la generación y acumulación del ingreso.

La teoría económica de la generación del ingreso y su acumulación se inicia con el estudio de la generación del ingreso; y este, se basa fundamentalmente en el análisis del sector privado y en los mercados, en donde opera este, su contenido: Es el producto y el ingreso.

Es pues, que en este capítulo abordamos la actividad de una economía sencilla (*), esto es, la actividad de las familias y de las empresas, llamado: Sector privado. Explicando la participación de este sector en los Mercados de Factores Productivos; en los cuales, se crea el producto generador del ingreso, de este sector y de toda la economía: Lo que nos permitirán entender el origen del dinero, el cómo es que este se crea y su fuente de valor.

> **(*) ¿Qué es Economía sencilla?**: Es una economía compuesta por las familias y las empresas; la cual, representa el Consumo y la Inversión.

El propósito de este apartado es demostrar cómo es qué se produce el dinero y su fuente de valor; lo que apunta a la generación del ingreso y de las riquezas en manos del sector privado, de forma individual. Y si bien, nos enfocamos en el sector privado, ello no significa, que estemos únicamente en un modelo de economía sencilla; dado que, al exponer lo hacemos en la economía real, es decir, se le suma a este, el sector gobierno y el externo, con lo cual, se conforma toda la economía.

SECTOR PRIVADO:
El componente familias más el componente empresas, en la economía se conocen como: Sector privado. Este representa el interés de las personas, las familias; y estas, además de representarse a sí mismas, también, lo hacen por las empresas, dado que, estas son las propietarias de las empresas y, por ende, detrás de las empresas están las familias. Es pues, que el sector privado representa los intereses de las familias.

LAS FAMILIAS
+ LAS EMPRESAS
= **SECTOR PRIVADO**

De las familias y de las empresas ¿quiénes son estas? y ¿cuál es el papel de actuación de estas? En lo adelante exponemos.

Las Familias:

La definición de algunos conceptos: Son diferentes según la ciencia que los estudie. Por ejemplo, la familia para las ciencias biológicas, son unidades reproductoras de la vida; para la sociología, es la célula fundamental de la sociedad; mientras que, para la economía es una unidad consumidora de bienes y servicios, por una parte, y productora del factor productivo conocimiento-trabajo; quiere decir, ésta consume bienes y servicios y es mano de obra, como también, es poseedora de la tierra y del capital, factores productivos necesarios en el proceso de la producción de bienes y servicios.

Lo que significa, que las familias ofrecen la fuerza laboral al proceso productivo, en la generación de los bienes y servicios; esto es, la mano de obra con un determinado conocimiento y nivel de formación, con lo que respaldan su oferta de trabajo. Por ejemplo, una familia puede tener el grado de conocimiento-trabajo para producir un determinado bien o servicio; mientras que, otras pude tener distintas especialidades de conocimiento-trabajo para producir otros bienes o servicios. Estos podrían ser: En la primera, producción de textiles; en la segunda, producción de agricultura; o cualquier otra especialidad. De modo, que las familias tienen una variedad de especialidades que aportan al proceso productivo.

Por otra parte, las familias son las dueñas de las empresas; dueñas del capital que utilizan las empresas para constituirse, con el propósito de generar productos y, con este, beneficios económicos. Efectivamente, las familias son las poseedoras de las acciones de las empresas, de forma directa o indirecta, lo que las constituye dueñas de las mismas y de las otras formas del capital. (*)

(*) El capital y la tierra, también pueden ser del Estado, en efecto, hay tierra y empresas estadales, pero, lo omitimos para concentrarnos en la generación del ingreso, por parte, del sector privado, que es el tema central de este estudio.

De igual forma, las familias, también, son dueñas del factor productivo: Tierra; la tierra, como fuente de recursos diversos, por ejemplo, los alimentos y materiales de construcción, entre otros. Una parte de ellos, es propiedad de las familias, de forma directa o indirecta; la otra parte, es de propiedad estadal, pero, ocupémonos solo del sector privado.

En forma directa significa: Cuando el nombre y apellido de una o varias personas, integrantes de las familias, aparecen como propietarios; en forma indirecta: Es cuando la denominación comercial de una o varias empresas aparecen como propietarios, pero, sabemos que estas empresas son propiedad, en última instancia, de alguna persona, familias, lo que quiere decir, que estas son propiedad de forma indirecta de las familias.

En síntesis se dijo, por una parte, que las familias son las dueñas de los factores productivos: Tierra; conocimiento-trabajo; y capital. De este derecho de propiedad se derivan unos ingresos, en virtud de que estos factores participan en el proceso productivo; con lo que se corresponde un pago de factores, esto es: Los ingresos de las familias.

Por otra parte, una vez obtenidos estos ingresos, las familias los disponen para: El consumo de bienes y servicios; como también, para: El ahorro. De esta manera, se presenta la definición de familia para la economía.

Las Empresas:
La definición de empresa en el estudio de la economía, se refiere, a que esta es: Una unidad económica productora de bienes y servicios; que logra producirlos a partir del uso de los factores productivos. Factores, que orga-

niza y administra para poder producir; y con ello, satisfacer una determinada demanda existente en la economía. Son, también, organizaciones constituidas con capital proveniente de varias personas (las familias); éstas, existen como personas jurídicas, lo que las constituye como cualquier persona: Con derechos y obligaciones para gestionar actividades inherentes a su objeto social; el objeto principal de una empresa es: Maximizar la utilidad, beneficios o dividendos para sus accionistas, los dueños de las empresas, qué bien sabemos son: Las familias.

De acuerdo a lo expuesto, las empresas son organizaciones que se dedican a gestionar la actividad productora de bienes y servicios; para lo que le es indispensable recurrir a los Mercados de Factores Productivos, donde se ponen a disposición de las empresas: La tierra, el conocimiento-trabajo y el capital; componentes estos, necesarios para llevar a cabo la actividad productiva, esto es, actividad para crear todos los bienes y servicios, al menos la mayor parte de ellos.

Con la actividad productiva, las empresas ponen a disposición una amplia gama de productos y servicios en el Mercado de Bienes y Servicios, con el propósito de satisfacer la demanda de estos, por parte de las familias, para su consumo; como también, por parte de las mismas empresas, para la demanda de insumos, en el procesos intermedios de la producción; así también, por parte del sector Gobierno, esta es demanda de insumos para prestar servicio público, y; por parte del sector externo, esto es, las exportaciones o demanda de productos que hace el resto de los países a uno en particular.

Ahora bien, las empresas poseen un capital para operar en su actividad productora; este capital, su empleo se debe al objeto principal de una empresa privada (*), lo cual es, la generación del lucro, utilidad, ganancia para sus propietarios; de este objeto, se debe el empleo del capital. De tal manera, que de la actividad productora de bienes y servicios que realizan las empresas se deriva un valor; el valor que posee cada bien y servicio; de este modo, esta actividad es la, única, base de la que se origina el valor del dinero para toda la economía, es decir, el valor del dinero se fundamenta en: La producción de bienes y servicios.

> **(*) ¿Qué es Empresa Privada?**: Es la que combina los factores productivos para crear bienes o servicios, con la finalidad de generar lucro, esto es, utilidad o ganancia; y son propiedad de las personas: Sector privado.
>
> Lo contrario a ellas, son las *Empresa Publicas*: Estas crean bienes y servicios iguales, pero, sin fines de lucro (las empresas extrategicas si tienen fin de lucro); y son propiedad del Estado.

Entendido ya, que las empresas son unidades productoras de bienes y servicios, para lo que, deben recurrir al uso de los factores productivos; y sumado a ellas, el concepto de familia: En el contexto de definición del sector privado; es pues, oportuno presentarles los factores productivos. Veámoslo.

Los Factores Productivos:
Anteriormente, se estudió el Mercado de Factores Productivos, en los cuales, se trató las características generales de las transacciones entre familias y empresas sobre los factores; no obstante a ello, falto por definir que es un factor productivo y su funcionalidad en la economía. De lo que nos ocupamos a continuación.

Una definición corta y precisa de los factores productivos es: Recursos empleados en el proceso productivo de elaboración de bienes y servicios; tales recursos, son sinónimos de factores, ¿y quiénes son estos recursos o factores?, por tradición: La tierra, el trabajo y el capital. Nosotros nos vamos a permitir ampliarlos como sigue: La tierra, el conocimiento-trabajo y el capital.

F. TIERRA
+ F. CONOCIMIENTO-TRABAJO
+ F. CAPITAL
= FACTORES PRODUCTIVOS

Como se dijo antes, los factores productivos son utilizados en la elaboración de la producción de bienes y servicios; estos, al participar en el proceso de la producción devengan una remuneración, como consecuencia, de su participación en el proceso productivo. La remuneración de cada uno de los factores, no es más que: El pago de factores; lo que conlleva, a su vez, a la generación del ingreso del sector privado; ingresos estos, que pertenecen a las familias, por ser estas las propietarias de los factores productivos (explicado anteriormente).

Estos factores productivos, se definen de esta manera:

Tierra (T):
Se refiere, en efecto, a la tierra, es decir, al espacio físico de la naturaleza; por ejemplo, los recursos que yacen en la naturaleza, como el petróleo, la madera, el agua y los bienes que provienen de la agricultura, entre otros, son recursos que conforman el factor Tierra.

Este factor, recibe una remuneración, como consecuencia, de su participación en el proceso productivo de elaboración de bienes y servicios; la remuneración de este factor se denomina: Alquileres y renta.

Conocimiento-Trabajo (L):
Se refiere, a la disponibilidad de mano de obra con un nivel variado de formación y conocimiento que oferta las familias para la actividad económica o proceso productivo de elaboración de bienes y servicios.

La calificación del trabajo depende del conocimiento que posea la fuerza laboral, esto es, que el conocimiento de los trabajadores determina la calificación del trabajo; ello también, va a determinar la remuneración de este factor. La remuneración de este factor se denomina: Sueldos y salarios.

Capital (K):
Se refiere, al capital que se utiliza para la actividad económica o proceso productivo de elaboración de bienes y servicios. Existen varias formas del capital, por ejemplo, el capital físico o real, estos son los activos materiales: Maquinarias, oficinas, fábricas y otros insumos utilizados en el proceso productivo; otros, los activos inmateriales: Experiencia, marcas registras, patentes; y el capital financiero: Un depósito bancario, etc.

La remuneración de este factor: Es la tasa de interés y las utilidades; estas son el ingreso o remuneración del capital, lo que significa, intereses para los acreedores o prestadores de dinero y las utilidades para los accionistas o dueños de las empresas. Por lo mencionado, en el factor capital coexisten los empresarios (accionistas) y financistas (acreedores).

Hasta aquí, hemos definido a los componentes que conforman el sector privado: Las familias y las empresas; como también, definimos él mercados de factores y el mercado de bienes y servicios; y los factores productivos: Tierra, conocimiento-trabajo y capital. Es pues oportuno, presentarles la producción y el ingreso; la cual, se derivan de los elementos mencionados.

La Producción y el Ingreso:
El estudio de la producción y del ingreso es uno solo, dado que, el ingreso se deriva de la producción; de modo, que este existe porque existe la producción; imagínese que existiese dinero, pero no hubiese productos que comprar, de que nos serviría tener dinero; todos tenemos la respuesta: De nada serviría. Entonces, se entiende que de la producción de bienes y servicios es que se origina el valor del dinero; y esta, producción, se debe al empleo de los factores productivos; es pues, que en definitiva el valor del dinero se determina a partir del empleo de los factores productivos; y de la condición de calificación de estos.

Entonces, la generación del ingreso y las riquezas son explicadas por el empleo de los factores productivo; es por ello, que en los capítulos anteriores, se presentó la importancia de formar al factor conocimiento-trabajo, dado que, éste es el factor director del resto de los factores productivos. De modo, que el valor de la producción está asociado al valor de nuestro principal factor productivo y de los demás factores; y por lo tanto, el valor del dinero, también, está asociado al valor de la producción.

Si sus factores productivos no están calificados y formados; estos generaran un producto con un valor bajo; y los ingresos que se determinen a partir de este producto, también serán bajos. Para cambiar estos resultados, hay que formar y calificar a los factores productivos; y de esta manera se generaran, en definitiva, ingresos más altos.

Saben, la relación de pobreza o riqueza es determinada a partir de la cantidad de producto generado; por ejemplo, una persona, empresa o país es más rica que otra si tiene un producto mayor que otros, es decir, el que tenga un producto mayor que los demás, poseerá una mayor suma de dinero o riqueza; lo que significa, que la condición de pobreza o de riqueza viene determinada por la capacidad de generar producto; y esta, por la capacidad productiva de los factores.

Definamos producto: Cuando se emplean los factores productivos en la actividad productiva, se generan o producen bienes y servicios; estos bienes y servicios, por definición, son llamados: Productos; y en lo adelante nosotros, también, los vamos a llamar por su nombre: Productos.

BIENES FINALES
+ SERVICIOS FINALES
= **PRODUCTOS**

[A partir del valor del producto, es que el Gobierno a través de su **autoridad monetaria** (*) hace la emisión de dinero, imprime una cantidad de dinero; la cual, es la requerida por el producto generado: Es el deber ser. Lo que significa, que la emisión de dinero se debe al valor del producto generado. Ésta, en la forma más básica.]

PRODUCTO
=
INGRESO

(*) ¿Qué es Autoridad monetaria?: Son los Bancos Centrales; llamados también: Ente emisor, los cuales, tienen la facultad de crear el dinero, que circula legalmente en la economía. Por lo general, casi todos los países tienen un Banco Central.

En síntesis, la generación del ingreso se debe: A la existencia de los factores productivos, conocimiento-trabajo, tierra y capital; lo cual, al ser estos combinados en una actividad de producción, es decir, al emplear los factores en el proceso productivo de la elaboración de bienes y servicios es que se genera el producto. Y no existe otras formas de generar el producto, esta es la única; ello desde el primer eslabón de desarrollo del hombre hasta el presente: Ha sido la única. En tal sentido, el ingreso depende únicamente de la propiedad de los factores productivos y de su empleo; quiere decir, que para generar ingresos se debe poseer algún factor productivo y, además de ello, estos deben estar en condiciones para poder ser empleados.

Ahora, la generación del ingreso es una cosa, la cual tiene sus determinantes ya explicadas; y la generación de riqueza es otra cosa, que también tiene sus determinantes, las cuales se presentaran en los capítulos siguientes. No obstante, conozcamos su esencia: La generación de riqueza viene determinada por el destino que le damos al ingreso; una vez que se ha generado el ingreso, este es dedicado: Al consumo y al ahorro; el ahorro es gemelo de la inversión, en tal sentido, la generación de riqueza viene determinada por el ahorro e inversión, dado que, a partir de este destino es que se fomenta la creación y acumulación de las riquezas: Porque con ello, se le da continuidad al aumento de la generación del ingreso; mientras que, el consumo no le da continuidad a la generación del ingreso. El ingreso muere con el consumo; y en contraste a ello, con el ahorro e inversión nacen nuevos ingresos que se acumulan a los anteriores, tal acumulación: Es la generación de riqueza.

Finalmente, con lo expuesto en este apartado se puede precisar tres cosas:

1º, que el dinero que existe es y debe ser correspondido en función del producto, esto es, que el valor del dinero viene determinado por la cantidad de valor del producto;

2º, que la producción se debe al uso de los factores productivos; y

3º, queda establecido, además, que el sector privado es el principal productor y generador del ingreso y de las riquezas: Si, las familias y las empresas.

8ª

LEY

TUS FACTORES REDUCTIVOS, CALIFICADOS Y BIEN FORMADOS, SON GENERADORES DEL INGRESO Y DE LAS RIQUEZAS.

LA GENERACIÓN DEL DINERO SE DEBE A LA PRODUCCIÓN DE BIENES Y SERVICIOS; Y ESTA, SE DEBE AL EMPLEO DE LOS FACTORES PRODUCTIVOS. LO QUE SIGNIFICA, QUE LA GENERACIÓN DEL INGRESO Y RIQUEZA SE ORIGINA EN LA PROPIEDAD Y EMPLEO DE LOS FACTORES PRODUCTIVOS. POR LO TANTO, SE DEBE POSEER, POR LO MENOS, UN FACTOR.

CONSIDERACIONES PRÁCTICAS

Las familias a través de las empresas o las familias y las empresas, deben fomentar el uso y empleo del conocimiento-trabajo, de la tierra y del capital para generar riqueza, dado que, el mantener desempleado o subempleado estos factores productivos, ello conlleva a la pobreza: Hay que explotar al máximo los factores productivos para crear bienes y servicios; y con ello, generar ingresos. Dado que, el ingreso en una economía (país) se debe a la producción de bienes y servicios (productos): Lo que significa, que el ingreso es una consecuencia del producto.

De tal manera, que de la intensidad del uso de los factores productivos, entre otras, se derivan las consecuencias, el nivel del producto, las cuales, pueden pre-

sentarse en situación de: Pobreza, en desarrollo o riqueza.

Si los factores productivos se sub-emplean o se utilizan en menor medida de su capacidad, es decir, cerca
del mínimo necesario; tendremos como resultado: Un
producto escaso, lo cual, sirve solo para respaldar un
consumo en condición de pobreza. Dado que, si el producto es cerca del mínimo necesario, el dinero creado
con valor para adquirirlo, también es: Mínimo necesario;
esto es, dinero necesario para cubrir la condición de pobreza: Lo cual, se debe al sub-empleo de los factores
productivos.

Si los factores productivos se sub-emplean, pero esta
vez, se utilizan cerca de su mediana capacidad, es decir, a más de media máquina; tendremos como resultado: Un producto mediano, lo cual, sirve solo para respaldar un consumo medio, ello equivale a la etapa in-
termedia de la capacidad de producción.

Ahora, si una persona, familia, sociedad o país hiciese
todo lo necesario, lo que enseña la ciencias económicas,
una parte explicada aquí, para emplear o usar a la máxima capacidad los factores productivos; en donde, la
tasa de desempleo del factor Conocimiento-Trabajo sea
mínima, esto es, motivado por voluntad de las personas
no porque no halla trabajo, quiere decir, que el factor
Conocimiento-Trabajo empleado a su máxima capacidad; junto a la máxima capacidad de los factores Tierra
y Capital; en esta condición, estaríamos en una máxima
capacidad del empleo de los factores productivos, de lo
que resulta: Un producto máximo total, cerca del 100%,
lo cual, sirve para respaldar un consumo en condiciones
óptimas, en el mejor nivel de vida, creando riqueza.

No obstante, el empleo de los factores productivos no
es la única variable que explica la cantidad de producto
o, en definitiva, el estado de pobreza o riqueza de las
personas, familias, sociedades o países: No es solo el
empleo máximo de los factores productivos lo que explica la pobreza o riqueza; sino que además de ello, el
grado o calidad, abundancia o escases de los factor productivos, conocimiento-trabajo, tierra y capital son los

que van a determinar, en definitiva, el valor del producto; y con ello, la pobreza o riqueza.

En Efecto, un ejemplo del grado o calidad del factor Conocimiento-trabajo es cuando una persona, familia, sociedad o país se encuentra en un grado mínimo del conocimiento y, por ende, en un grado mínimo, también, de la calidad del trabajo respecto a otros que si poseen el máximo conocimiento y máxima calidad del trabajo. En tal sentido, el producto generado por quienes están en condición mínima del conocimiento-trabajo va hacer de menor valor que el producido por quienes tienen un conocimiento-trabajo de mayor nivel y calidad, a pesar de que estén empleando sus factores productivos a su máxima capacidad: El producto de una persona sin estudio y sin formación para el trabajo es de menor valor que el de una persona estudiada con una técnica o profesión para el trabajo; y no cuenta de nada que use los factores a su máxima capacidad si este no está formado.

Igualmente, el factor tierra tiene una variedad y cantidad de recursos, los cuales, son determinantes en la valoración del producto. Por ejemplo, una economía (sociedad o país) que no presente en su factor tierra recursos energéticos, petróleo, minería, etc. es una economía escasa de recursos respecto a otras economías que si los posean; por tal razón, pueda que una economía en esta condición se dedique a la agricultura, entre otras opciones, por no tener mejores recursos; de lo que resultara: Un producto de menor valor en comparación al producto de una economía rica en petróleo u otros recursos de mayor valor; y el emplear al máximo los factores productivos en esta economía no cambia el valor del producto; porque además de ello, también cuenta el valor intrínseco o el valor de sí mismo de los recursos que yacen en este factor.

En este sentido, el capital también es determinante en la valoración del producto más allá del empleo total del mismo. Por ejemplo, una economía pueda que no tenga ningún nivel de desarrollo en la estructura del capital, esto es, que sus fábricas y medios de producción sean arcaicos, sin o poca tecnología respecto a otras economías con capitales tecnológicos más avanzados; por lo tanto, de ello resultara: Un producto de menor valor en comparación al producto de una economía con capital tecnológico más avanzados; y el emplear al máximo los factores productivos en esta economía no cambia el valor del producto; porque además de ello, también, cuenta el nivel de tecnología del factor capital. No es lo mismo trabajar la agricultura artesanalmente con carretas de madera y animales; que trabajarla con maquinarias especializadas, tractores y avionetas, etc.: Esta diferencia está en el factor capital.

Ahora bien, analicemos todos los factores juntos a la vez:

1º, el grado de desarrollo del factor capital depende fundamentalmente del grado de desarrollo del factor conocimiento-trabajo; es a partir del conocimiento y de la formación del trabajo que se fundamenta el grado tecnológico del capital; el capital está casado con el conocimiento, el uno se debe al otro, es decir, la tecnología del capital se debe al conocimiento. Y si hay poco conocimiento habrá, en esa medida, poca tecnología en el capital; y ello, determinara el valor del producto; y este, a su vez, determinara la condición de: Pobreza, de desarrollo o de riqueza en las personas, familias y sociedades o países.

2º, el factor tierra es independiente de los demás factores, de cierta manera; el conocimiento y capital no pueden influir sobre la disponibilidad de recursos en el factor tierra; sin embargo, una economía o sociedad pueda que carezca de recursos en su factor tierra, pero, ello no necesariamente la condena a un valor bajo de su producto. Por ejemplo, Hollywood de la nada, esto es, de las personas y libretos, solamente, hace un producto bien valorado, las películas; y con ello, ha demostrado que no se necesita el factor tierra para aumentar el valor del producto; muchos otros ejemplos lo demuestran.

Y si bien, se ha dicho que el factor tierra no viene determinado por los otros factores, de cierta manera; si puede ser determinado por el conocimiento, dado que, éste puede aumentar el valor del aporte de este factor; como también, el capital puede aumentar el grado de desarrollo de este factor: El ejemplo de la agricultura arcaica y científica lo explica.

Saben, el mundo está lleno de contrariedades, pero, todo tiene su explicación; lo fundamental es que aprendamos a conocer las leyes del mundo real que determinan las cosas para poder producir los cambios que se necesiten: Entre estos cambios, el avance de clases sociales.

En tal sentido, lo que hemos explicado con el empleo de los factores productivos y su grado de desarrollo, en el propósito de obtener el máximo valor del producto: Ello es la guía cierta de esta materia; y recordemos además, que el factor conocimiento es el factor rector que va a guiar al resto de los factores y, por lo tanto, depende del desarrollo del conocimiento la mayor o menor capacidad que se pueda generar del resto de los factores.

Ahora, cuando nos referimos a algunas contrariedades de lo que es correcto, es porque hay quienes tienen las condiciones más óptimas en algunos de sus factores productivos para generar un mayor valor de su producto y no tienen tal resultado; y hay quienes no tienen las mejores condiciones en sus factores productivos, pero, han logrado el máximo valor de su producto (ingreso). Existen muchos ejemplos de personas, familias y de países situados en tal contrariedad; veamos el caso de Venezuela y Japón.

Venezuela, por ejemplo: Este es un país que posee las riquezas más amplias sobre su factor tierra: Es rica en petróleo, gas, minería, energía, agricultura, selvicultura y pesca; tiene además, una posición geográfica excelente que le permite la comunicación marítima con los distintos ejes comerciales del mundo. Pero a pesar de tales privilegios, dotado por la naturaleza, esta nación no ha podido sacar el mejor provecho de lo que debería: En teoría, este país tiene todas las condiciones para ser una nación rica; pero, en la práctica es una nación pobre, pobre con inmensos recursos: Que contradicción verdad.

La falla, en donde falla la teoría o práctica de este caso: En el factor Conocimiento; el factor tierra puede que presente las condiciones más optimas, pero, si el nivel del factor conocimiento es bajo, ello determinara también un bajo nivel del trabajo y del capital; y al tener los factores conocimiento-trabajo y capital bajos, estos estarán limitados para sacar el mejor provecho de las riquezas del factor tierra.

Veámoslo de otra manera, la riqueza del factor tierra es una herencia, de las naciones, que reciben de la naturaleza, de la misma forma, que las personas y familias reciben herencias. Hagamos un ejercicio para una mejor comprensión: Imagine dos personas con diferentes niveles de estudios y formación para el trabajo; una con un nivel de conocimiento-trabajo muy bajo y la otra con un nivel de conocimiento-trabajo muy alto; ahora, quien le saca el mejor provecho a la herencia, el de más conocimiento o el de menos conocimiento: Todos tenemos la respuesta correcta.

[Cuando el factor tierra es rico y sus dueños, los habitantes del país, tienen un bajo nivel de conocimiento, la riqueza de la nación es para la administración de los Gobiernos; ello explica que tengamos a Gobiernos ricos y a pueblos pobres; por lo tanto, las personas deben formarse para tener una mejor participación en sus economías; además de ello, para exigirles a sus gobiernos desarrollo económico]

Ahora, hablemos brevemente de Japón: Esta nación está situada en una pequeña isla y no tiene los recursos en el factor tierra como los que posee Venezuela. Pero tiene un gran nivel en el factor conocimiento; y este, a su vez, le ha proporcionado un factor trabajo calificado, es decir, profesional y técnico de primera línea; y un factor capital tecnológico de punta. Estos dos en combinación han hecho de esta isla una de las economías más poderosa y rica del mundo; ello, a pesar de que su factor tierra carece de recursos como los señalados en el caso de Venezuela.

En teoría, este país tiene la condición más importante para ser una nación rica, esto es: El recurso humano, el cual, posee el nivel de desarrollo más alto en el factor conocimiento; y a pesar, de que no tiene las mejores condiciones en su factor tierra: No por ello, está determinada a ser una nación pobre.

Por lo tanto, ésta en teoría está determinada a ser una nación: Rica, por el factor conocimiento; y pobre, por el factor tierra. En la práctica: Es una nación rica, porque en esta prevaleció el conocimiento por encima del factor tierra: Alguna contradicción; no la hay.

Venezuela y Japón (*) no representan ninguna contradicción; efectivamente, la teoría económica no está en contradicción, es por ello, que en un momento dijimos: Que todo tiene su explicación; entiéndase, que a pesar que el factor tierra sea muy rico, ello no va a determinar la máxima utilidad del total de los factores productivos, es por ello, que debemos aclarar quién determina a quien y, en tal sentido, desaparecen o se explican las posibles contradicciones.

> (*) El producto o ingreso por persona en Venezuela fue 10 veces menor al de Japón, en el año 2003: El ingreso per cápita de Venezuela fue de 3.330 dólares y el de Japón fue de 33.710 dólares.

En definitiva, el factor conocimiento es el más importante respecto de los factores tierra y capital, dado que, este determina al resto de los factores: Es el factor rector que dirige al resto de los factores. El análisis de estos factores, materializado en las naciones, sirve igual para las personas y familias; lo que significa, que lo presentado aquí puede servir para todos.

UNA UNIDAD DE NEGOCIO (Generan el ingreso):

CONOCIMIENTO DE ECONOMÍA
+ CONOCIMIENTO OPERACIONAL
+ CAPITAL
= UNIDAD DE NEGOCIO

Una unidad de negocio es toda acción que reporta una utilidad; tal acción puede ser compleja, como las empresas; o con poca complejidad, como el trabajo de una persona o, como también, simples transacciones: Comprar al mayor y vender al detal, de la forma más simple (puede ser hasta por internet); hacer inversiones en la bolsa, entre otras.

El propósito de toda unidad de negocio es obtener utilidad; sin embargo, esta puede dar perdida. Por tal razón, se debe tener en claro cuál es el factor que determina el éxito en los negocios; porque los factores productivos que generan utilidad, también generan pérdidas; en consecuencia, que es lo que hace la diferencia: El conocimiento económico-operacional.

Veamos, una persona puede que tenga el conocimiento operacional y el capital para establecer una unidad de negocio, pero, si esta no tiene el conocimiento económico, entonces, no sabrá si la decisión de inversión que tome es buena o mala; bien sea, porque su oferta o negocio no tenga demanda o porque no tiene la ubicación correcta, etc. existen muchas otras razones por las que un negocio puede dar perdida; y ellas, se pueden evitar con el conocimiento económico: No basta con tener capital y conocimiento operacional, es imprescindible el conocimiento económico; dado que, los negocios se realizan en el mundo económico, no en otro, y si no se conoce sobre él, como podría garantizarse una inversión con una mínima responsabilidad: No podría.

En tal sentido, el conocimiento económico determina el éxito del conocimiento operacional y del capital; tal éxito, no es más que la generación de utilidad, dinero nuevo; no obstante, los otros factores también cuentan, dado que, sin ellos tampoco puede haber generación de productos.

Para generar dinero nuevo, además del conocimiento económico, es necesario que se cuente con el conocimiento operacional, esto es, estar formado para el trabajo calificado en una área específica, por ejemplo: Ser albañil, ingeniero, mecánico, peluquero, pintor automotriz, abogado, médico o cualquier otra; lo importante es que se debe estar formado para el trabajo, en condición de: Profesional o técnico.

[Si las personas no fuesen profesionales y técnicas en las distintas áreas y todas se dedicaran al arte o a la economía, entonces, no podría haber producción de bienes y servicios y, por lo tanto, no podría haber satisfacción de las necesidades humanas; quiere decir, que todas las profesiones y técnicas son importantes para la generación del ingreso. Y cada persona, en particular, tiene una responsabilidad consigo mismo, además con su sociedad, en ser profesional o técnico en la producción de algún bien o servicio.]

Si una persona, familia, empresa, sociedad o país decidiesen generar ingresos, le es indispensable apoyarse en el conocimiento de la economía y del operacional, en principio; seguido, deben apoyarse del capital.

En síntesis, la generación del ingreso se debe a las unidades de negocios; las cuales, operan los factores productivos con el propósito de crear el producto; y a partir del producto es que se genera el ingreso de las personas, familias, empresas y de los países: No existe otra forma de producir ingresos; este solo puede existir con la generación del producto; y para ello, se deben emplear los factores productivos.

Analizando la generación del ingreso a partir del empleo de los factores productivos; desde una persona, familia, sociedad o país; como una ley natural de la economía que exhibe como trofeo: El avance de clase social y las riquezas al que posea uno o varios factores productivos, bien formados y capacitados, y los emplee a la máxima capacidad.

Gerardo E. Blanco

6. **DESTINO DEL INGRESO**: Consumo y Ahorro

[En el apartado anterior, se trató la generación del ingreso como una función de los productos finales: Los bienes y servicios, los cuales, son producidos en una economía por el sector privado; y se dijo además, que el producto se deriva del empleo de los factores productivos: Conocimiento-trabajo, tierra y capital. Y a partir de todo ello, se genera el ingreso de toda la economía.]

Una vez producido el ingreso, el sector privado de manera individual debe enfrentar las dos únicas decisiones que existen sobre él: Esto es, si se lo consumen o lo ahorran; o si hace las dos cosas al mismo tiempo: Que porcentaje dedican al consumo y al ahorro del ingreso disponible. Como puede esta decisión determinar el acenso económico hacia la generación de riqueza o, como también, hacia la pobreza: Si puede; y ello lo vamos a comprender en este capítulo.

La condición de riqueza o pobreza de una persona, familia, sociedad o país se determina por las variables: Primera, generación del ingreso (capitulo anterior); segunda, la decisión sobre consumo y ahorro (este capítulo); y tercero, los gemelos ahorro e inversiónreinversión (los dos últimos capítulos). Ello para que se tenga un entendimiento entero sobre la generación de riqueza; entero, no le falta nada: En la teoría económica ello es lo que explica la generación del ingreso y la generación de riqueza.

Porque una cosa es la generación del ingreso y otra es la generación de riqueza: La generación del ingreso cierra su ciclo con la decisión de consumo, el ingreso muere con el consumo; si, a uno no le pagan por consumir y el ingreso gastado en consumo no puede producir ingresos, solo produce placer y satisfacción en el presente. Por su parte, la generación de riqueza se inicia con la decisión del ahorro, es de aquí de donde comienza la generación de más ingresos, a partir del ingreso mismo; y a uno si le pagan por ahorrar, con intereses o utilidades (si son invertidos); el ahorro es la semilla de la generación de riqueza.

Entonces, que se interpone entre ser rico o pobre: La decisión de Consumo y Ahorro; entre otras.

Para comprender el destino del ingreso vamos presentarles el ingreso disponible y la decisión de consumo-ahorro; junto, a las posibles preferencias que hacemos en esta disyuntiva (que cantidad de consumo y que cantidad de ahorro); de seguro esta última, nos va a permitir definir quién es cada uno de nosotros en la estructura económica-social. Al saber tal información, es que vamos a generar una política de consumo y ahorro, de forma consiente y responsable con mira en la superación de clase social.

De momento, abordemos el primer punto:

INGRESO DISPONIBLE, del Sector Privado:
En principio, el sector privado genera el producto y con este el ingreso; una vez generado el ingreso, a este se le va a descontar los impuestos; impuestos que se pagan al Gobierno. Deducidos los impuestos, se obtiene: El Ingreso disponible del sector privado; esto es:

INGRESO del sector privado
−IMPUESTOS pagados al Gobierno
= INGRESO DISPONIBLE del sector privado

El ingreso disponible del sector privado es el que se dedica al: Consumo y ahorro.

DECISIÓN DE CONSUMO Y AHORRO, de las Familias (personas):
Una vez que se ha generado el ingreso, en manos de las personas o familias, este va hacer destinado, por definición: Al consumo y/o al ahorro; únicamente, y no existe una tercera opción. Es decir, el ingreso de las familias, es: Consumo y ahorro:

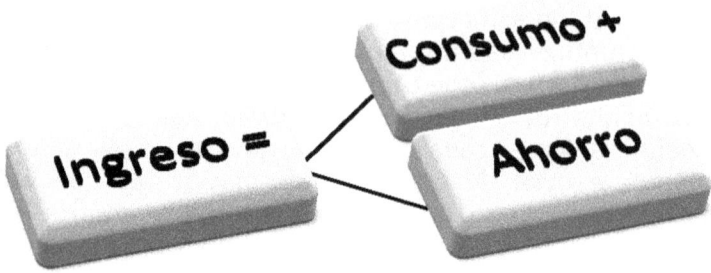

Ahora, que tenemos aquí: Dos cosas, consumo y ahorro; ¿qué es cada una de ellas?, veámoslo.

El Consumo:

El consumo es el gasto que realizan las familias en bienes y servicios para mantener su gasto de vida; tal consumo es requerido por su condición humana, nos referimos a las necesidades del hombre, las cuales, se deben a que este es un ser vivo y, por lo tanto, tiene necesidades; necesidades que requieren ser satisfechas mediante el consumo. Entonces, el consumo es la parte del ingreso que nos gastamos: Efectivamente.

Ahora, sabemos que existe una relación entre el ingreso disponible y el consumo; tal relación es de dependencia, es decir, la cantidad de consumo depende del nivel de ingreso disponible: Veamos la teoría del consumo ella lo explica.

Teoría del Consumo:

Hasta hace poco hubo varias teorías que explicaban el consumo. Milton Friedman, premio nobel de economía en 1976, aclaro la proporcionalidad del consumo y el ingreso disponible, de la manera siguiente: El consumo es proporcional al ingreso disponible, es decir, que el consumo se relaciona positivamente con el ingreso disponible; esto es, si crese el ingreso disponible: El consumo crese; si disminuye el ingreso disponible: El consumo disminuye. En el sentido que se mueva el ingreso en ese sentido se moverá el consumo.

Dado que, según Friedman, las personas tiene un ingreso permanente que esperan recibir durante varios años y un ingreso transitorio que se presenta inesperadamente, pudiendo sumar o restar al ingreso permanente; que una vez sumado, se forma el ingreso disponible corriente, a partir de este, es que las familias perfilan su consumo: Esto es, la planeación del consumo teniendo en cuenta el ingreso disponible corriente.

Por otra parte, tenemos el ahorro, el otro destino del ingreso; como lo definimos: Veámoslo.

El Ahorro:

El ahorro es la parte del ingreso disponible que no se consume; del ingreso disponible se resta el consumo y se obtiene el ahorro, de esta manera:

$$\begin{array}{l} \text{INGRESO DISPONIBLE} \\ \underline{-\text{CONSUMO}} \\ \mathbf{=\ AHORRO} \end{array}$$

El ahorro también tiene su razón de ser y se debe básicamente, a que este genera por si solo intereses o si este se invierte genera nuevos ingresos; tales ingresos aumentan el ingreso anterior que los produjo como ahorro; con el aumento del ingreso, también, se aumenta el consumo y el ahorro, mejorando así la condición de vida y los ingresos posteriores: De aquí es que se debe, en parte, la razón del ahorro.

De la definición de ahorro se desprenden la relación de este con el ingreso y el consumo; tal relación, es de dependencia:

1º, El ahorro depende de que exista el ingreso y; con la existencia del ingreso no se garantiza el ahorro, sin embargo, depende del ingreso.

2º, el ahorro depende de que el ingreso cubra el consumo; y de que quede algún residuo. Ello se debe, a que el consumo cubre necesidades primarias y, por ende, prevalece por encima del ahorro, el cual, no es una necesidad, como tal. Primero lo primero, y lo primero es el consumo.

En definitiva, el ahorro depende de que el nivel de ingreso sea suficiente para que cubra la necesidad del consumo; y es a partir, de esta satisfacción que puede que se genere el ahorro. Y es que el ahorro es un lujo: Un lujo que genera dinero nuevo, ingresos y riquezas. Saben, el primer lujo que se deben dar las clases pobres y medias es: El ahorro.

CONOZCA SU DEFINICIÓN EN LA ECONOMÍA, con La Preferencia del Consumo y del Ahorro:
Como ya sabemos que el nivel de consumo depende del nivel de ingreso disponible, es preciso señalar, de manera individual, que las personas y familias tienen un comportamiento de consumo respecto al ingreso disponible en forma de porcentaje, es decir, hay quienes consumen un 90% del ingreso, como quienes consumen un 40% del ingreso: Existen infinitos porcentajes de consumo para cada familia o persona.

Por una parte, los pobres dedican el porcentaje más alto al consumo, más del 90%, dado que, sus ingresos son muy bajos e insuficientes para mantener el gasto de vida requerido; mientras que, los ricos dedican un porcentaje menor al consumo, cerca de 40% del ingreso disponible, entre otros, dado que, estos tienen ingresos muy altos.

Entre la clase pobre tenemos dos forma de pensamiento sobre el avance de clase social: Pobres que tienen en mente superar la pobreza, y; pobres que no tienen en mente superar la pobreza. De igual forma, entre las clases medias, hay varias formas de pensamiento, nosotros vamos a señalar dos: Los que tienen en mente superar su clase, y; los que no tienen en mente superar su clase. Todas esta formas de pensar se reflejan en las preferencia al consumo; y ello, determina nuestra posible avanzada o anclada en las clases sociales. Veamos y analicemos ello en el siguiente cuadro.

Cuadro No. 3:

PREFERENCIA DE CONSUMO Y AHORRO:				
Clases sociales:	Pobres		Media	
Definidos:	**P100**	**P70**	**M100**	**M70**
Consumo:	100%	70%	100%	70%
Ahorro=Inversion:	0%	30%	0%	30%

Fuente: Elaboración propia.

Los P100

Son los 100% pobres, los cuales no tienen en mente superar la pobreza, es por ello, que dedican el 100% de sus ingresos al consumo. Este grupo, por lo general, deserta del sistema escolar, es decir, estudia poco o nada; y no se forma para el trabajo. De esta manera, se perpetúan en su clase social.

Los P70

Son los 70% pobres, los cuales, tienen en mente superar la pobreza, es por ello, que dedican el 70% de sus ingresos al consumo; mientras que, el otro 30% lo dedican a la educación y formación para el trabajo subcalificado y calificado, no lo ahorran: Lo invierten. De esta manera, se proponen el avance de clase social. Estos están en lo correcto: En la medida que los pobres orientan una parte de su consumo hacia la inversión en educación y formación para el trabajo, en esa medida, es que esta clase social logra avanzar hacia otras superiores.

A pesar, de que el pobre difícilmente puede sacrificar el consumo para generar ahorro, dado que, su nivel de ingreso es muy bajo, pero, si puede orientar una parte de su consumo hacia la inversión educativa; la única manera de que este pueda alcanzar un avance de clase social y, por ende, del ingreso y calidad de vida, e incluso de un estado de pobreza hacia uno de riqueza, es que este oriente su consumo, además del gasto de vida, lo dedique a la educación académica y a la formación para el trabajo sub-calificado y calificado: Esta viene siendo la variable fundamental que determina un avance en esta clase social.

Los M100

Son los 100% clase media, los cuales no tienen en mente superar su clase, es por ello, que dedican el 100% de sus ingresos al consumo. Este grupo, por lo general, tiene estudios y formación calificada para el trabajo; no todos, pero si tienen.

Los M100, se caracterizan por dedicar el 100% de sus ingresos al consumo, en gasto corriente y en pagos de deuda; dado que, son deudores por definición; deben el automóvil, la vivienda y las tarjetas de créditos, sus ingresos están orientados en satisfacer estas necesidades, las cuales, requieren el 100% de ello. De esta forma, se perpetúan en su clase social.

Los M100, de cierta manera, están presos por sus deudas y limitados en el avance de clases sociales por estas; tal endeudamiento, se debe a que estos valoraron más el placer del consumo en el presente que el placer del consumo en el futuro. Lo correcto, es que se debe postergar el placer del consumo para después de haber hecho el sacrificio en establecer una unidad productiva o de inversión que le genere ingresos más altos; y con estos, el avance de clase social.

Los M70

Son los 70% clase media, los cuales, tienen en mente superar su clase, es por ello, que dedican el 70% de sus ingresos al consumo; mientras que, el otro 30% lo ahorran e invierten, popularmente juegan vivo; y es lo correcto. Este grupo, por lo general, tiene estudios y formación calificada para el trabajo, la mayoría, porque tienen conciencia de la importancia de ello; y como se proponen el avance de clase social: Se preparan, se forman e invierten en ello.

Los M70, a pesar de que también, poseen algunas deudas puede sacrificar una parte del consumo para generar ahorro; el cual, invierten en: Acciones, bonos o divisas y, también, en el establecimiento de unidades productivas; lo que les permite aumentar sus ingresos.

En la medida que los M70 se esfuerzan por limitar sus consumos y deudas, con el propósito de ahorrarlo para invertirlos, en esa medida, es que alcanzan avanzar a clases sociales superiores, mejorando sus condiciones económicas.

9ª

LEY

CONOCE TU DEFINICIÓN EN LA ECONOMÍA.

SABER QUIEN SE ES; MAS, QUIE-NES SON LOS DEMÁS; Y LOS ELE-MENTOS QUE NOS DEFINEN COMO TAL EN EL SISTEMA ECONÓMICO-SOCIAL: ES UN PASO FUNDAMEN-TAL PARA DECIDIR QUE HACER Y EL COMO HACERLO; DESCONOCER-LO ES NO SABER QUE HACER.

PARA LA PROMOCIÓN DE CLASE SE DEBE SER UN P70 O UN M70.

CONSIDERACIONES PRÁCTICAS

En general, las personas, familias y las economías tienen diferentes preferencias en el porcentaje del ingreso que dedican al consumo. Tal preferencia al consumo deter-mina el nivel de ahorro e inversión; y con ello, se de-termina el empleo de los factores productivos; y con este, se determina el producto y el ingreso. De tal ma-nera, que con la preferencia al consumo se determina el grado de desarrollo en la economía de una persona, fa-milia o la de un país.

De modo, que si las preferencias al consumo son al-tas, significa que, por diferencia las preferencias al aho-rro son bajas; y ello, determinara un bajo nivel de in-versión y, en consecuencia, se determina un bajo, poco o nada de crecimiento económico. En tal sentido, se de-be limitar el consumo y fomentar el ahorro para así po-der lograr el crecimiento económico desde las personas, familia y las sociedades o países.

10ª

LEY

SACRIFICA TU CONSUMO Y ASEGÚRATE UN AHORRO.

LA PRIMERA SEMILLA DE LA GENE-
RACIÓN DE MAS INGRESOS O RI-
QUEZAS ES: DESTINAR UNA PARTE
DEL INGRESO AL AHORRO; DE
AQUÍ SE ORIGINA: MAS INGRESOS,
EL AVANCE DE CLASE SOCIAL Y
LAS RIQUEZAS; POR LO TANTO, SE
DEBE SACRIFICAR CONSUMO PARA
AHORRAR.

CONSIDERACIONES PRÁCTICAS

Las familias tienen la difícil tarea de decidir qué porcentaje del ingreso deben consumirse; y con este, deciden
también que porcentaje ahorrar: Esta decisión conlleva
a una vida precaria o a una vida de bienestar y riqueza.

Si una familia decide consumir la totalidad de sus ingresos a medida que los va generando, año a año, es
decir, que los ingresos sean iguales a sus consumos; el
resultado sería: Una familia en condición de pobreza,
que respalda el consumo hasta el momento de su retiro.
Dado que, todos en algún momentos de nuestra vida
quedamos cesantes por cuestión de la naturaleza, nuestra edad (*), la cual nos impide proseguir en actividad
productiva; algunos miembros de estas familias llegan a
estados de indigencia, al no prever ahorros que les permitan soportar los consumos cuando pasan a retiro; y
ello no está fuera de la realidad: ¿Cuántas personas conocen que no tienen previsiones de ahorro?

(*) Las personas son productivas para el trabajo hasta los 65 años, y pueden vivir 10 o 20 años más.

En el caso opuesto, claro, una familia no podría dedicar la totalidad de su ingreso al ahorro, porque la ley natural exige un consumo para preservar la vida y el desenvolvimiento en nuestra sociedad también lo requiere. En este sentido, si una familia decide consumir menos de su nivel de ingreso disponible en la medida que los va generando, año a año; es decir, que el consumo sea menor a sus ingresos y, con ello, se genera un ahorro año a año. El resultado sería: Una familia solvente, acomodada o rica, que respalda el consumo hasta el momento de su muerte y no en el retiro como en el caso anterior.

Cuando decimos, una familia solvente, acomodada o rica; y acondicionamos ello, a la existencia de un fondo de ahorro; sabemos, que el ahorro por sí solo no determina este resultado, pero, el ahorro si es la semilla de estados de: Solvencia económica, de comodidad o riqueza. Es a partir del ahorro y lo que hagamos con él, lo cual depende de nuestro conocimiento sobre el dinero: Que se va a determinar los mencionados estados económicos en las personas, familias y en la sociedad.

Además, de estos dos casos, los que no ahorran y los que sí; existe el caso donde una persona, familia o país podrían estar consumiendo más de lo que ganan, de manera regular en algunos periodo de su vida; para ello, recurren al endeudamiento. De mantener ésta decisión de consumo con deuda, obtendríamos como resultado: Una familia con consumo menor en el futuro que los del presente, como consecuencia, de disminuir el ingreso del futuro con los pagos de las deudas e intereses. Saben, no es correcto endeudarse para satisfacer el consumo corriente (consumo habitual, el gasto de vida), no es lógico ni coherente endeudarse para cubrir consumo; porque el consumo con deuda es insostenible en el tiempo. En tal caso, el resultado sería: Una persona, familia o sociedad en condiciones precarias.

En general, las familias deben planear su consumo según su nivel de ingreso disponible, cada año previendo toda una vida; de tal manera, que si piensan en los años sub-siguientes, pueden prever ahorros, y; de este modo, mejoran la condición de vida y aseguran la satisfacción de las necesidades, en la etapa de retiro; y para ello, es necesario el ahorro pensando en el futuro. Recuerden, que cuando se gasta todo el ingreso en el consumo en el año del presente, es como si viviéramos solo para ese año; y no es así.

Por otra parte, la decisión de consumo determina el ahorro; y ambos, son determinados por el ingreso disponible; tal ingreso, presenta unas variaciones en el tiempo: Lo que determina sensibilidad o variaciones en el consumo, como en el ahorro. No obstante, a pesar de ello, las familias deben tener una política de consumo y ahorro que les permita una orientación sobre lo que quieren y, en consecuencia, lo que deben hacer para ello.

Por su parten, la existencia de una política de consumo se debe a la existencia de una política de ahorro; y estas dos, son una condición primaria del desarrollo o del estancamiento económico; por lo tanto, determinan el estado económico de las personas, familias y sociedades.

Veamos el siguiente cuadro sobre políticas de consumo y ahorro: Esto es, determinados porcentajes de consumo y ahorro.

Cuadro No. 4: Políticas de consumo y ahorro.

Ingresos		
Consumo	**Ahorro**	**Determina estado de:**
100% 71%	0% 29%	Estacionado
70%	30%	En Desarrollo: Avance
60%	40%	Consolidación

Fuente: Elaboración propia.

¿Qué lectura podemos hacer de este cuadro?:
Que a partir de la decisión de consumo y ahorro es que se determina estados económicos en condición de: Estacionado, estos son los que no se mueven, no hay avance de clases sociales, porque el ahorro es insuficiente (0% a 29%); en desarrollo o avance, en estos si hay avance de clases sociales, dado que, el ahorro es mínimo necesario para crecer, independientemente de la clase social en que se encuentren, con esta política de ahorro (30%) siempre hay avance, y; consolidación, es establecer una acumulación franca del ingreso y riqueza.

Anteriormente, se explicó que si una persona, familia o sociedad tienen Ingresos muy bajos, estos deben orientarlos además del consumo en gastos de vida a inversión en educación y formación para el trabajo calificado, en la medida de lo posible; y en este sentido, no prever ahorros como tal, sino que se debe invertir en el factor humano (conocimiento para el trabajo). Dado que, los ingresos bajos niega la posibilidad del ahorro, pero, no niegan la posibilidad de avanzar hacia clases superiores, a partir de la formación del factor productivo: Conocimiento-trabajo; de esta manera, aumentan el nivel de ingreso y, con ello, la posibilidad del ahorro, posterior a ello; y con ello, la actividad de inversión, conducente está a la generación de más ingresos, lo cual es generación de riqueza: Ello es lo que se debe hacer cuando se es muy pobre.

Mientras que, cuando se es clase media se debe determinar un fondo de ahorro y no se debe comprometer el ingreso del futuro con deuda, que impida el ahorro para el crecimiento económico; solo las necesarias. El ahorro, debe ser el mínimo necesario (30%) para crecer; y con este, además de formarse para el trabajo calificado, hacer inversiones: Ello conduce, en definitiva, a la generación de más ingresos y, por ende, acumulación de riqueza.

A manera de conclusión, podemos señalar: El ingreso disponible es quien determina el nivel de consumo; y al determinar este, se obtiene el ahorro. Y es a partir de la decisión de consumo y ahorro que se determina la no o generación de más ingresos; dado que, no hay generación del ingreso: Cuando este tiene por destino el consumo; y hay generación del ingreso: Cuando este tiene por destino el ahorro. Ello se debe a que el ahorro se convierte en inversión; y las inversiones producen intereses o/y utilidades, y ello, es generación del ingreso, lo cual se forma a partir del ahorro. Lo que conduce a, más o menos, el estado económico de una persona, familia o sociedad; si somos pobres, clase media o ricos va a depender, en gran medida, de la decisión de consumo y ahorro.

Tal decisión, es la segunda variable del estudio de la generación y acumulación del ingreso: Esta es, destino del ingreso (consumo y/o ahorro), que determina la generación de dinero nuevo o no generación.

Analizando las consecuencias de los dos usos que se les da al ingreso [consumo y ahorro]; y partiendo de ello una persona, familia, sociedad o país pueden lograr la generación o no de más ingresos. El que logre formar un fondo de ahorro para su posterior inversión, ello le garantizara un mayor ingreso en el futuro; lo cual es una ley natural de la economía, que exhibe como trofeo: El avance de clase social y las riquezas al que de forma objetiva se traza la meta de ahorrar un porcentaje significativo de sus ingresos.

7. **LOS GEMELOS:** Ahorro e Inversión; generación del ingreso, a partir del ingreso

[En los dos anteriores capítulos se ha presentado: Primero, la generación del ingreso, la cual, se debe a los productos, y estos, se dijo que son generados a partir del empleo de los factores productivos; segundo, una vez generado el ingreso, este es destinado al consumo y al ahorro, por parte de las personas y familias; y cuando este destino sea el ahorro, entonces, estamos en las inversiones, dado que, esta es el objeto del ahorro.

Esquemáticamente es, situación 1: Es la generación del ingreso, a partir del empleo de los factores productivos; situación 2: Es el destino del ingreso en consumo y ahorro, a partir del planteamiento de objetivos, y; la situación 3: Es la generación del ingreso, de nuevo, pero esta vez es a partir del ahorro e inversión.]

La generación del ingreso, la que parte del ahorro, se debe a la inversión de los ahorros; con esta, se pretende generar más ingresos. De tal manera, que el objetivo fundamental de este apartado es demostrar: La generación del ingreso a partir de las inversiones.

Ahora, la inversión como tal viene determinada por el ahorro: Si, del ahorro depende que existan las inversiones. Es pues, que el ingreso determina el ahorro; y este, determina las inversiones; y estas, determinan nuevos ingresos; de esta forma, se hace un circuito virtuoso del desarrollo económico en las personas, familias y sociedades o países:

Ingreso: —— [Ahorro= ——Inversión]: —— + Ingresos

Por lo tanto, la generación de más ingreso y la acumulación de riqueza se originan a partir del destino del ingreso en la forma de ahorro; del que sabemos, se convierte en inversión. Lo que significa, que las inversiones son generadoras de dinero nuevo; y con ellas, se puede lograr el avance de clase social y la acumular de riquezas.

En tal sentido, se presenta el estudio de las inversiones; el cual, nos permitirá definir qué es y que no es inversión; y con esta, aclarar, en las personas, una percepción errada de este término. Tal estudio, está dirigido tanto como para las personas, familias y empresas, como para la sociedad en su conjunto; no obstante, está enfocado especialmente en las finanzas personales.

DEFINICIÓN DE INVERSIÓN, para las Empresas:(*)
Para el sector productor, las empresas, inversión es la adquisición o creación de maquinarias, equipos, transporte, fábricas y edificios destinados a la producción de bienes y servicios; como también, la materia prima y los inventarios; y en general, todo gasto necesario para generar el producto.

(*) Las empresas son las que producen el producto y, por ende, el ingreso; si pretendemos invertir debemos saber sobre ellas.

Tal inversión es independiente de que sean nuevos o no, es decir, nuevos o usados (**); lo importante es que el activo tenga vida útil y sea productivo en la generación de productos y, por ende, en la generación del ingreso. Como también, es inversión independientemente de la fecha en que se producen, pueden ser generados en cualquier periodo; lo que cuenta es el momento del gasto en que se realiza la inversión para la empresa; es decir, es inversión para la empresa en el momento que se hace el gasto inversor.

(**) Se refieren a la maquinaria y equipos, como también, los edificios o fábricas.

En general, lo que califica de inversión para las empresas es el gasto, de lo que señalamos que es inversión; lo cual, se suman al stock del capital existente en la unidad productiva. Este nuevo aporte es inversión en el periodo que se realiza; pasado el periodo, se convierte en stock de capital, de la empresa. En definitiva, todo flujo de gasto adicional destinado a la producción de bienes y/o servicios es inversión, para el sector productor. Además de ello, los activos financieros, como acciones y títulos de valores son opciones de inversión para las empresas.

Tales inversiones son las que aumentan la generación del producto y, por ende, la del ingreso, en la persona del actor empresarial que las realiza.

Definición de Stock de Capital:
Conceptualmente las inversiones son inversiones en el año que se realizan; una vez que pase ese año y estemos en los periodos sub-siguientes, tal inversión deja de serlo para formar un nuevo concepto, llamado: Stock de

capital. Entonces, las inversiones son inversiones en el periodo que se generan, para los periodos subsiguientes a su generación pasan hacer: Stock de capital.

Las inversiones hechas en periodos anteriores al actual es lo que califica de stock de capital, por ejemplo: La generación de fábricas, maquinarias, equipos y transporte destinados al sector productor y realizados en periodos anteriores, año o años, al actual, es: Stock de capital.

Por su parte, el nivel de stock de capital es una variable que determina el nivel de producción y, por ende, el nivel del ingreso, en el sector privado de la economía; de tal manera, que se establece una relación entre el stock de capital y el nivel de producto e ingreso; tal relación es positiva, esto quiere decir, que ambas se mueven en un mismo sentido: Si crece el stock de capital, también crece la capacidad del producto y del ingreso; a mayor stock de capital: Mayor será la generación del producto e ingreso, del sector privado y de la economía en su conjunto; como también, a menor stock de capital: Menor será la generación del producto y del ingreso.

De momento, hemos visto la definición de la inversión en el sector empresarial, la cual, tiene lugar en el sector privado de la economía; y el stock de capital, el cual, se deriva de las inversiones. Estas dos, inversión y stock de capital, determinan el nivel del producto y, por ende, el nivel de ingreso y riqueza de las personas, familias y de las naciones.

Saben, la inversión realizada por las personas y familias, también, forman parte del estudio microeconómico, dado que, tanto los productores (sector empresarial) como los consumidores y ahorradores son los actores económicos de esta área. Pero, la actividad de inversión del productor es una y la del ahorrador es otra; a pesar de que ambos son actores microeconómicos tienen su particularidad al respecto. Entonces, vamos a crear un subtítulo para definir la inversión en manos de las personas; ello, a posterior de la definición de microeconomía.

¿Qué es Microeconomía?:

Es el estudio del comportamiento de los consumidores y productores de forma individual; por ejemplo, el estudio de precio, oferta y demanda de los productos por parte de los consumidores y productores, entre otros.

DEFINICIÓN DE INVERSIÓN, para las Personas:

Saben, la inversión es asunto del sector privado, y cuando se señala a este sector, nos referimos es a las empresas, dado que, el componente hogar, las persona y familias, no realizan actividades productivas, quiere decir, que no hacen actividad empresarial; y cuando las hacen, constituyen una empresa, pero por lo general, como persona o familia no se dedican en nombre propio a una actividad productiva. Ello significa, que la inversión en manos de las personas y familias están dedicadas, comúnmente: A la adquisición de activos financieros y al capital humano.

Por su parte, la inversión en activos financieros realizadas por las personas y familias, se refieren a la compra de activos financieros, como: Acciones y bonos, entre otras; la compra de acciones y bonos es lo que califica de inversión para estas.

¿Qué son las Acciones?:

Parte que representa el capital, dividido en un determinado número de acciones; es lo que representa el derecho de propiedad sobre una empresa.

¿Qué son los Bonos?:

Instrumento legal de compromiso de deuda, emitido por los Estados o empresas; en los que se señala los términos del mismo: Inversión, rendimiento, cupones y fecha de pago, etc.

¿Qué es inversión en capital humano?:

La inversión en capital humano se refiere al flujo de gasto dedicado a la educación y formación para aumentar la capacidad productiva del factor conocimiento-trabajo.

De modo, que hemos conocido la definición de inversión para las empresas y las personas; veamos ahora qué es lo que no es inversión para las personas.

LO QUE NO ES Inversión:

Algunas personas perciben la inversión de forma errada, es por ello que nos permitimos la aclaratoria; dado que, si no se sabe que es inversión, difícilmente se podría lograr los objetivos que esta se plantea. Los cuales, son generar dinero nuevo, aumento del ingreso y de la riqueza; objeto de este estudio. De tal manera, que se hace necesaria su aclaración.

Para aclarar ello; de primeras, debemos entender que es el ahorro temporal y permanente, los cuales, determinan inversiones temporales y permanentes; tal relación se debe a que la inversión se hace con ahorros; y al aclarar ahorro, de esta manera se aclara la inversión. Dado que, por definición el ahorro es igual a la inversión, de la forma más básica.

Se dijo anteriormente, que el ingreso disponible de los hogares tienen dos usos: El consumo y el ahorro; sabiendo ello, podemos fijar lo siguiente: El motivo por el cual una persona o familia destina una parte de sus ingresos al ahorro, es porque ese dinero no es requerido para cubrir el consumo, lo que determina: Que el ahorro es dinero libre de consumo o gasto, apto para invertir.

Si el ahorro es por un periodo breve para luego usarlo en el consumo, es: Ahorro temporal; y ello, puede que se use en algunas inversiones temporales; pero ello, no se corresponde con la verdadera esencia de lo que es inversión, dado que, al usarlo posteriormente en el consumo dejan de ser ahorros e inversión.

Y si el ahorro es por un periodo permanente; se convierte inmediatamente en: Inversión permanente; lo que significa, que deja de ser ahorro para ser inversión; el ahorro libre de ser usado en el consumo: Si puede ser dedicado a la inversión de forma permanente.

Entonces, cuando se hace un ahorro y este se destina a una inversión, se debe hacer de forma permanente, ello es lo correcto en el sentido de la generación y acumulación del ingreso. Además de ello, el ingreso gene-rado de la inversión, solo deben destinar al consumo sus utilidades no el capital de inversión, por lo tanto, no es ahorro ni inversión cuando ambos son consumidos en su totalidad.

Por otra parte, no todas las compras de activos, por parte de las personas, representan inversión; porque no todos los activos son dedicados a la generación del in-greso; y es el uso del activo lo que lo califica de inver-sión o no.

En tal sentido, cuando se compran activos para el uso personal o de la familia, ello no es inversión; por ejem-plo, la compra de vehículos, herramientas varias y las casas no son inversión, dado que, están dedicadas al uso personal y de la familia; y al estar dedicadas a ello, no genera ingresos: Entonces, ello no es inversión; aun-que parezca, no es.

De tal manera, que toda adquisición de activos dedi-cados a satisfacer necesidades personales y familiares no es inversión.

Ahora, cuando los activos son para la actividad pro-ductiva, como por ejemplo, el vehículo para prestar un servicio de transporte a terceros; otro, las herramientas varias para elaborar un bien o prestar un servicio para la venta. Tal uso de estos activos, si generan ingresos; y ello, si es inversión.

Sabemos que es y que no es inversión, ahora, falta saber que se determina en el análisis de inversión; ello con el propósito de decidir entre inversiones.

ELEMENTOS BÁSICOS de la Inversión Financiera:
Los elementos básicos que conforman el análisis de una inversión financiera, entre otros, son:

> CAPITAL DE INVERSIÓN.
> INGRESOS DE LA INVERSIÓN:
>> Rendimiento de la inversión;
>> Opciones de inversión, y;
>> Costo de oportunidad.

El Capital de Inversión:
Es el ahorro; este puede ser aportado por nosotros o por un tercero. Los ahorros aportados por un tercero son los fondos que se piden prestados, los cuales también, forman parte del capital de inversión.

Ahora, no todos los ahorradores son inversores, a pesar de que el dinero ahorrado es el mismo invertido; pero, los ahorradores no todos son, generalmente, los inversores: Hay quienes solo ahorran, quienes ahorran e invierten y quienes solo invierten.

Saben, la rentabilidad del ahorro es inferior a la de inversión; entonces, porque hay quienes solo se dedican ahorrar; ello es, entre otras: Por desconocimiento o poca familiaridad con el tema de las inversiones.(*) Porque quien aprende a invertir, y no necesariamente tiene que aprenderlo, porque hay firmas de profesionales en inversiones que lo hacen por usted; pero, para nosotros hacer inversiones o delegar ello, se debe primero, saber sobre las bondades y recompensas de la inversión; quienes lo aprenden dejan de ser solo ahorradores para ser: Ahorrador-inversor. Recuerden que si solo ahorran y no invierten, entonces, otros toman sus ahorros y lo hacen por ustedes.

(*) Ello constituye el objetivo principal de este capítulo y, en general, de éste **Curso de Finanzas Personales;** lo cual, es generar conocimiento e información sobre ello.

El Ingreso de la Inversión:
Es el flujo de dinero que genera una inversión. El cual, está formado por: El capital de inversión, también se le llama: El principal; más el rendimiento de la inversión: La utilidad. El ingreso de la inversión depende del rendimiento de la inversión.

El Rendimiento de la Inversión:
Es la utilidad que resulta de invertir un capital en una determinada inversión. Para cada opción de inversión

hay una tasa porcentual de rendimiento.

Opciones de Inversión:
La planeación de una inversión debe considerar las posibles opciones de inversiones; por lo general, todas las economías tienen mercados financieros; en los cuales, se transan los títulos de valores; estos son diferentes respecto a sus emisores y rendimientos. Los títulos de valores son, entre otros: Los bonos y las acciones, definidos anteriormente. El análisis de una opción de inversión pasa por la comprensión de lo que llamamos: Costo de oportunidad, entre otras.

Saben, las opciones de inversiones no están limitadas por la geografía; una persona puede vivir en un país y hacer inversiones en otro sin necesidad de trasladarse; por ejemplo, usted puede vivir en Argentina y hacer una inversión en Alemania, sin necesidad de moverse de Argentina.

Toda opción de inversión tiene un costo de oportunidad; el cual, indica a lo que renunciamos para optar a una determinada opción de inversión.

El Costo de Oportunidad:
Efectivamente, es la opción a la que se renuncia para optar a otra opción. Por ejemplo, la primera opción a la que se renuncia, llamada costo de oportunidad, es el rendimiento que genera una inversión sin riesgo, puede ser los títulos del tesoro de los EEUU, con un rendimiento del 5% anual (más o menos); cualquier opción de inversión distinta a esta debe tener un rendimiento superior al del 5%, para que se pueda optar como opción de inversión y, con ello, renunciar al costo de oportunidad (los títulos del tesoro de EEUU); de tal manera, que el rendimiento de la inversión adoptada debe cubrir el costo de oportunidad, es decir, el rendimiento sin riesgo 5%, más un beneficio adicional que incentive decidir por una inversión distinta al costo de oportunidad.

[Después de la 10ª lección, vamos a enseñar con ejemplos y, de esa manera, se va a entender con una mayor facilidad; pueden estar seguros de ello.]

11ª

LEY

APRENDE EL ARTE DE LAS INVERSIONES.

EL AUMENTO DEL INGRESO Y DE LA RIQUEZA SOLO PUEDE LOGRARSE A PARTIR DE LAS INVERSIONES; DE MÁS INVERSIONES, ES QUE SE GARANTIZA UNA ACUMULACIÓN DE CAPITAL Y, POR ENDE, DE UN MAYOR NIVEL DE RIQUEZA.

QUIENES SE PROPONGAN LA GENERACIÓN DEL INGRESO, EL AVANCE DE CLASE SOCIAL Y LA ACUMULACIÓN DE RIQUEZA DEBEN ACTUAR EN ESTE SENTIDO, SER: INVERSIONISTAS Y EMPRENDEDORES.

CONSIDERACIONES PRÁCTICAS

Lo que clasifica de inversión para las finanzas personales y de las familias: Es la compra de maquinarias, equipos y locales, entre otras; lo cual, forman parte del factor productivo capital; además de la adquisición de otros factores productivos (tierra o conocimiento-trabajo); claro, ello lo hacen las personas a través de las empresas. Tales activos son empleados en el proceso productivo para la generación de algún bien o servicio, para su posterior comercialización en los mercados.

Además de ello, inversión: Es educación y formación para el trabajo; con lo que se mejora el factor productivo Conocimiento-trabajo; y con ello, se está mejor preparado para emplear el resto de los factores productivo, con una mayor eficiencia.

También, inversión: Es la adquisición de activos financieros, como bonos y acciones, entre otras; las cuales, generan dinero nuevo, ingresos.

Un ejemplo de inversión, de lo señalado, seria: La compra de herramientas, por parte de un mecánico de auto, que decide prestar el servicio por su cuenta a terceros; como también, si este mecánico decidiese hacer un curso de actualización: Con lo que mejora su capacidad para desempeñar su actividad; además de ello, si este decidiese emplear a uno o más mecánicos o ayudantes para cubrir más producción: Al emplear a más personal, este está aumentando el factor productivo trabajo. Todo ello clasifica de inversión; lo primero, es la compra de maquinaria y equipo, factor capital para producir un servicio; lo segundo, es formación para el trabajo, factor conocimiento-trabajo para mejora del servicio, y; lo tercero, es aumento del factor trabajo para aumentar la producción; los tres, son: Inversión.

Lo que no es inversión en el ejemplo del mecánico, seria: Que la compra de las herramientas y su formación de mecánico sean solo para su uso personal y no para terceros; es decir, que la compra de herramientas y su formación se deban a que este desee tener sus propias herramientas y conocimientos para arreglar su propio auto, pero, no para prestar el servicio a otros, en condiciones de mercado: Ello no es inversión.

Lo que significa, que cualquier persona puede comprar maquinarias y equipos y, por el hecho, de solo comprar ello no está haciendo inversión; para que sea inversión, es necesario que las maquinarias y equipos comprados se dediquen a la producción de algún bien o servicio, como por ejemplo, el mecánico que presta su servicio en condiciones de mercado a terceros.

Otro ejemplo, las personas suelen calificar de inversión a la compra de un automóvil: La compra del auto solo es inversión si este va hacer dedicado a la prestación del servicio de transporte; si este vehículo es adquirido con fines de prestar un servicio único personal a su adquiriente y familia, entonces, ello no es inversión; dado que, ello no está empleado en el proceso productivo y, por ende, no genera ingresos; y al no generar producto e ingresos, ello no es inversión.

Existen muchos ejemplos como el del mecánico o del transportista; así como estos, sabemos del sastre, barbero, pintor, latonero, abogados, médicos, entre otros, que al igual que estos, compran maquinarias y equipos o factores productivos para prestar servicios a una demanda determinada, de ser así, ello califica de: Inversión; como también, la educación y formación que los preparo para ser profesionales sub-calificados o calificados, en sus áreas, es: Inversión.

Por otra parte, existen otros tipos de inversiones, como: Las financieras. Las cuales, son compras de acciones de empresas ya establecidas y, también, la compra de bonos o letras del tesoro, entre otras: Ello es inversión en activos financieros; lo que representa un ingreso nuevo y adicional al capital invertido, por lo general, es el resultado que se espera con la compra de acciones y bonos, generar ingresos.

Tales acciones y bonos, entre otros, se tranzan en los mercados de valores, llamados también: Bolsa de valores, las cuales existen en muchos países; anteriormente, se explicó que la posición geográfica del inversor y de la bolsa de valor no es un obstáculo, dado que, el inversor puede que viva en Chile y hacer inversiones en la bolsa de Frankfurt [Alemania] sin dificultad alguna.

Ustedes podrían preguntarse: Porque un inversor requeriría invertir en un país que no sea el suyo o tan lejos, por ejemplo; su respuesta es: El mundo financiero es uno solo, no está dividido, sino más bien, globalizado y no tiene límites geográficos; siendo así, los inversores, los bien informados y asesorados, buscan las mejores oportunidades de rendimientos sobre sus inversiones; por supuesto, considerando las condiciones implicadas.

Para realizar este tipo de inversiones, los inversionistas se apoyan en profesionales especialistas en mercado de valores, finanzas e inversiones, los cuales, operan en todos los países; en ellos, delegan el análisis y las formalidades necesarias para realizar tales inversiones. Saben, poseer dinero para invertir no significa que sean profesionales y técnicos de inversiones; ni ello es un requisito. En tal caso, ello se emplea, los profesionales de las inversiones, con un mínimo de costo; costo que se descuenta de las ganancias, por ejemplo, una ganancia de 20 dólares puede que pague una comisión a su agente financiero de 1 dólar o menos.

Ahora, que es y que no es inversión en activos financieros, señalamos: Los depósitos bancarios en cuenta corriente y cuenta de ahorro no son inversión, dado que, estos activos, por lo general, pagan intereses por debajo de los que paga una letra del tesoro, con bajo riesgo o sin riesgo si se trata de EE UU; y los depósitos bancarios tienen su nivel de riesgo.

Además de ello, las personas que ahorran en una cuenta bancaria solo ahorran nada más y no están invirtiendo, dado que, dichos depósitos los invierte un tercero; el cual, los solicita a la banca para ejecutar algún proyecto de inversión. En este sentido, el ahorrista que es el dueño del dinero no está creando valor: Quien crea valor, dinero nuevo, es quien tiene algún proyecto de inversión y solicita al sistema bancario los ahorros que yacen allí.

Ahora bien, las cuentas de ahorro y corrientes son para mantener una disponibilidad de dinero, lo cual es para cubrir el gasto corriente; una más liquida que la otra, pero, ambas liquidas para el gasto de consumo no de inversión. Innumerables personas guardan gran cantidad de dinero en dichas cuentas en condición de ahorros; cuando lo correcto es prever la cantidad de dinero necesaria para cubrir el gasto corriente, lo cual es el que debe estar disponible en dichas cuentas para tal fin; y el resto del monto, en condición de ahorro debe ser invertido para que genere dinero nuevo, por lo menos, en inversiones temporales si necesita los fondos a posterior, es lo mínimo sensato que se debe hacer.

Cuando un ahorrador tiene como propósito formar un capital, el cual va a utilizar en una determinada adquisición; y ello se toma un tiempo para reunir el monto necesario. De modo, que cuando el tiempo es de tres meses en adelante, el ahorrador no puede dejar sus ahorros en calidad de depósito: Sino que debe invertirlos, hasta el momento que se requieran; de esta manera, se puede asegurar la generación de más ingresos, ello es: Inteligencia estratégica financiera.

Para demostrar que es y que no es inversión, nos vamos a valer de unos ejemplos prácticos; los cuales, nos van a permitir, además de ello, enseñarles lo que nosotros llamamos: **La Máquina del Dinero (MQD)** y su magnitud. La magnitud se refiere a las variadas tasas de rendimientos que se generan según los diferentes proyectos de inversiones; y la máquina del dinero, en principio, se refiere al factor de rendimiento de los proyectos. En lo adelante lo presentamos.

EJEMPLOS PRÁCTICOS a Considerar de lo que Es y no Es Inversión Financiera:
Las condiciones generales para todos los ejemplos planteados, son: Una economía (país) cualquiera, se presenta una inflación de 5% anual en todos los periodos (años); el tiempo de las inversiones es de 5 años; la inversión es en dólares USD de EEUU, pudiese ser otra moneda, aquí lo importante es su comparación numérica; las otras condiciones varían y se explican en cada ejemplo. Tales ejemplos son:

Ejemplo Práctico 1:
Cuadro No. 5:

Proyecto de Inversión: Ninguno					
No. años	Ahorro anual	Inversión inicial	Beneficios Intereses	Inversión mas (+) rendimiento	VP
1	2	3	4	5	6
1	0	0	0	0	0
2	0	0	0	0	0
3	0	0	0	0	0
4	0	0	0	0	0
5	0	0	0	0	0
Total	0	0	0	0	0

Fuente: Elaboración propia.

En el cuadro No. 5, columna (2) se puede apreciar que no hubo ahorros durante los 5 años (columna 1) y, por ende, no se generó ninguna inversión (columna 3). Tal inasistencia de ahorro e inversión es el caso de personas que generan un ingreso y, que luego, lo destinan al consumo únicamente, de tal forma, que no generan ahorro ni inversión.

Si una persona se ve en este ejemplo debe de saber que en estas circunstancias no se puede alcanzar un avance de clase social y, en consecuencia, no puede haber mejora en la calidad de vida; esta decisión: Es conducente a una vida precaria y de pobreza. Interprétese además de ello, que mientras la persona, la del ejemplo, se encuentre empleada, si es el caso, podrá tener acceso a un determinado nivel de consumo: Por estar empleada; para cuando quede cesante, desempleada a sus 65 años, esta podrá tener acceso al consumo solo por medio de pensiones de trabajadores o de vejes, ello va a depender en particular del mecanismo existente en cada país; pero, por si misma no pueden

Gerardo E. Blanco

garantizarse su sostenimiento en el futuro, en tales circunstancias. Y ello, no es inteligente.

Ejemplo Práctico 2:

Cuadro No. 6:

No. años	Ahorro anual	Inversión inicial	Beneficios Intereses	Inversión mas (+) rendimiento	VP
Depósito Bancario en Cuenta de Ahorro o Aplazo al 5% anual.					
1	2	3	4	5	6
1	1.000	1.000	50	1.050	1.000
2	0	1.000	50	1.050	952
3	0	1.000	50	1.050	907
4	0	1.000	50	1.050	864
5	0	1.000	50	1.050	823
Total	1.000	-17,70%	250	1.250	-177

Fuente: Elaboración propia.

En el ejemplo 2, se presenta la opción en la que una persona deja un depósito en condición de ahorro, según esta; y los intereses que genera tal depósito son usados por su ahorrador en el momento que se generan. Analicémoslo.

La tasa de interés que paga este tipo de depósitos puede que esté por debajo, igual o por encima de la tasa de inflación: Estas son todas las posibles opciones; veámosla todas.

Cuando la tasa de interés está por debajo de la inflación provoca una erosión o pérdida del valor del dinero. En consecuencia, ahorrar en estas circunstancias es inconcebible; no se puede ahorrar, ello es un error. Ello no se presenta en este ejemplo; pero, en Venezuela si se da esta situación.

Cuando la tasa de interés iguala a la inflación, en este caso, los rendimientos de los depósitos son erosionados por la tasa de inflación, en la misma medida que se generan, dado que, ambas son iguales; y con la condición de no usar los beneficios generados es que el depósito podrá mantener siempre su valor, dado que, los beneficios son iguales a la inflación. Por lo tanto, ahorrar, en esta circunstancia, no representa los objetivos del ahorro y, por ende, el ahorro no debe de tener lugar en esta situación. Ello lo vamos a demostrar, pero, con un agravante: Que el ahorrador, en este ejemplo, uso los intereses para su consumo.

En este ejemplo, al verifica el final de la columna 6, se observa una pérdida del valor depositado valorada en -177 dólares; está perdida representa una tasa negativa de -17,7%. Lo que significa, que el valor presente de los 1.050 dólares al final de los 5 años es de 823 dólares.

Efectivamente, en esto es que consiste la pérdida: Que se ahorran 1.000 dólares con valor adquisitivo de 1.000 dólares (se usan los intereses que pagan los 1.000 dólares en el momento que se generan) y al final de los 5 años se tiene los 1.050 dólares; pero, estos tienen un valor adquisitivo de 823 dólares no de 1.050: Ello en consecuencia, del deterioro de la inflación y la falsa creencia de que se estaba ahorrando; aunque se tengan en el banco los mismos 1.000 dólares, estos no valen o no compran lo mismo que cuando se realzo el depósito.

Que significa todo esto: Que ello no es ahorro y mucho menos inversión; aunque en la columna 4 aparece que este depósito obtuvo beneficios por 250 dólares, los cuales fueron dedicados al consumo del ahorrador; y de no hacerlo, se pudo haber saldado la mencionada perdida, considerando que el beneficio de los intereses es igual al deterioro de la inflación; en tal caso, no se presentaría ningún aumento de valor ni de perdida: Y ello, tampoco, no es un objetivo de ahorro ni de inversión.

En este ejemplo, tenemos una pérdida del valor de lo que se ahorró en una oportunidad. Este tipo de situación no tiene nada que ver con los objetivos de la generación del ingreso: Así no se puede ahorrar y menos llegar a la posesión de un capital; este tipo de depósitos no debieran de existir como objetivo de ahorro, porque no lo son; dado que, ello no garantiza la preservación del valor ni un beneficio. Sin embargo, muchas personas tienen tales depósitos en la banca; pero ello, no es inteligente.

Ahora, cuando la tasa de interés está por encima de la inflación, por lo general, la diferencia no es significativa; y de ser así, ello tampoco es una opción de ahorro ni de inversión, por lo menos, en ahorros e inversiones a 5 años ni a menos [de tres meses en adelante, este ejemplo no es opción de ahorro]. Ello se debe a que existen mejores opciones de inversión; y ellas, las vamos a comprender en la medida que avancemos en la lectura de los ejemplos.

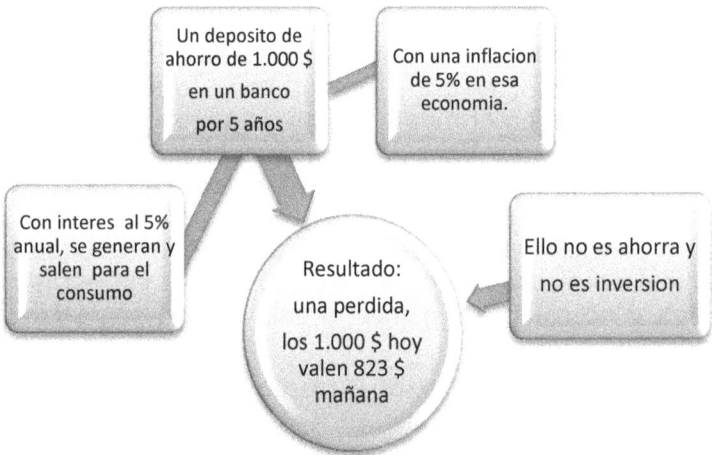

Esquema 1: **Explicativo del ejemplo 2.**

Ejemplo Práctico 3:

Cuadro No. 7:

Depósito Bancario en Cuenta de Ahorro o a Plazo al 5% anual.					
No. Años	Ahorro anual	Inversión inicial	Beneficios Intereses	Inversión mas (+) rendimiento	VP
1	2	3	4	5	6
1	1.000	1.000	50	1.050	1.000
2	0	1.050	53	1.103	1.000
3	0	1.103	55	1.158	1.000
4	0	1.158	58	1.216	1.000
5	0	1.216	61	1.276	1.000
Total	1.000	0,00%	276	1.276	0

Fuente: Elaboración propia.

Este ejemplo es igual al anterior pero con una diferencia: Que los beneficios no se retiran del banco y en el anterior sí; de esta manera, los beneficios se capitalizan, esto es, que los beneficios se convierten en capital y generan intereses igual que el capital, en los periodos subsiguientes.

Ahora, como la tasa de interés es igual a la tasa de inflación, de 5% anual ambas; los rendimientos generados cubren la erosión de la inflación en la misma medida, lo que da como resultado: Una tasa de crecimiento real de 0%; el valor real del depósito de los 1.000 dólares permaneció idéntico para el final del 5to. Año.

Lo que significa, en este ejemplo, que no están dadas las condiciones para establecer ahorros y, por lo tanto, el ahorro no debe de existir en estas circunstancias, dado que, ello representa una pérdida frente a otras opciones de ahorro e inversión. Y ello, no se corresponde con la generación del ingreso y su acumulación; de esta manera, no se puede aumentar el ingreso.

Saben, el objetivo de ahorrar no es protegernos de la inflación, como en este caso: El objetivo es obtener beneficios según los riesgos de cada opción de ahorro e inversión; ello debe de entenderse, para que se orienten los ahorros en inversiones reales; las cuales, cubran el costo de la inflación más un beneficio, básicamente: Es requisito de la inteligencia financiera.

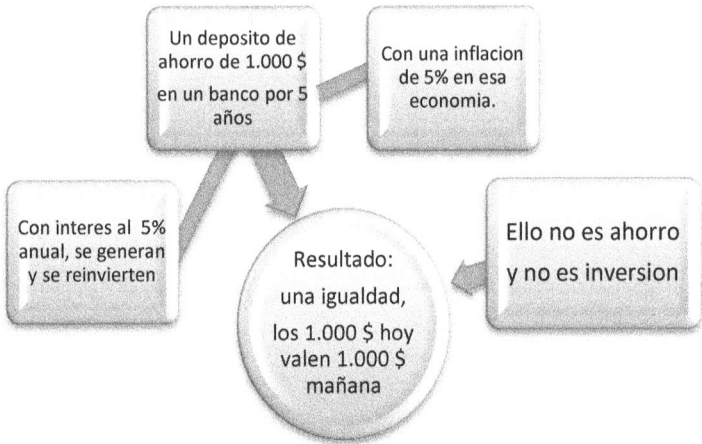

Esquema 2: **Explicativo del ejemplo 3.**

Ejemplo Práctico 4:

Cuadro No. 8:

Depósito Bancario en Cuenta de Ahorro o a Plazo al 5% anual.					
No. Años	Ahorro anual	Inversión inicial	Beneficios Intereses	Inversión mas (+) rendimiento	VP
<u>1</u>	<u>2</u>	<u>3</u>	<u>4</u>	<u>5</u>	<u>6</u>
1	1.000	1.000	50	1.050	1.000
2	1.000	2.000	100	2.100	1.905
3	1.000	3.000	150	3.150	2.721
4	1.000	4.000	200	4.200	3.455
5	1.000	5.000	250	5.250	4.114
Total	5.000	-17,70%	750	5.750	-886

Fuente: Elaboración propia.

En el cuadro No. 8, se presenta el ejemplo donde un ahorrador hace un deposito anual durante 5 años por la misma cantidad (columna 2); estos generan unos interese anuales (columna 4), que al estar disponibles cada año, el ahorrador los retira de la cuenta y los usa en su consumo. Este caso es igual al ejemplo práctico 2, pero, con la diferencia de que en este el ahorrador deposita anualmente, es decir, este tiene un propósito definido, el cual es: Ahorrar y formar un capital.

Se dijo, que el ahorrador hizo uso de los intereses devengados en cada periodo que se generaron, se los gasto; y en las condiciones del ejemplo, ello es una pérdida del valor del dinero depositado, como vemos: Al hacer uso de los intereses, estos no pudieron cubrir el deterioro del valor que causo la inflación; lo que significo, que el mencionado deterioro de la inflación tuvo que ser cubierto por el mismo capital ahorrado; y al pasar el tiempo, año tras año, este se fue disminuyendo; tal disminución en número es: De 5.000 dólares ahorrados paso a 4.114 dólares, en términos reales, esto es, considerando la inflación y los intereses; lo cual se resume en una pérdida del valor en -17,7%; es decir, el valor que una vez era de 100%, ahora lo es de 83,3% en términos porcentuales. Entonces, cual es el propósito de tener este tipo de ahorros: No existe la razón; pero, tales depósitos existen.

Algún lector podrá pensar: Que no existe ningún ahorrador que deposite anualmente 1.000 dólares en condición de ahorro y al mismo tiempo este se crea que es inversor. Pero, debe entenderse que en el momento que disfruta los intereses, cualquiera sea el monto, en ese momento, se constituye una de las características del inversor, al disfrutar este de unos supuestos beneficios.

Saben, si consideramos: La inflación y la tasa de interés en depósitos bancarios; nos daremos cuenta de que no se puede disponer de los beneficios, porque no son tales.

Veamos, los 1.000 dólares ahorrados anualmente es una cifra hipotética para representar un ejemplo en miniatura, porque en la realidad podríamos estar hablando de cualquier cantidad según la capacidad del ahorrador; y de ser un monto importante, el ahorrador comete el error en esa misma medida: Es una de las cosas que queremos enseñar.

Además de ello, los ejemplos presentados aquí son unos pocos, dado que, existen otros que no representan un auténtico ahorro, sin embargo, existen; pero no queremos cansarlos con ello.

En resumen, el creer que se está ahorrando; el creer que se tiene un capital que genera unos beneficios; el creer que puede disfrutar tales beneficios; y el creer que sus ahorros conservan su valor: Todo ello es, en parte, por el desconocimiento de la relación entre inflación e interés; de saberlo, se tomarían otras decisiones.

Esquema 3: **Explicativo del ejemplo 4.**

En general, los depósitos en bancos no son una opción de ahorro ni de inversión, ni en el mejor de los casos; aun cuando, se deposite frecuentemente una cantidad anual, se les sumen los beneficios generados por los interese y la relación de interés inflación sea a favor de los intereses: Ni en estos casos es viable el ahorro.

Los únicos depósitos correctos en la banca son los de cuenta corriente que se destinan para cubrir el pago del gasto corriente, de su poseedor, es decir, se justifica para el gasto previsto; no para ahorro ni mucho menos para inversión.

[Encausar el auténtico ahorro para opciones de inversión, por parte del ahorrador, es una acción legitima de su tenedor; y ello, a nivel macroeconómico no representa una desventaja, porque ello no cambia nada a escala de país; pero, si en el sector privado, ello causa un aumento de los ingresos de forma directa en el componente hogar; de tal forma, que se mejora la distribución del ingreso y de las riquezas: Las finanzas personales se ven aumentadas; ello es: Inteligencia financiera.]

En lo adelante, en este capítulo y parte del siguiente, vamos a presentar lo que sí es ahorro e inversión, realmente; es pues, que debemos prestar atención a que opciones crece más rápido y el porqué de ello; y conocer desde ya, lo que nosotros llamamos: **La Máquina del Dinero (MQD)** y, una vez consiente de la MQD, planificar el nivel que se ajusta a cada individualidad.

De modo, que continuamos con los ejemplos prácticos.

Ejemplo Práctico 5:
Cuadro No. 9:

La Máquina del Dinero Proyecto de Inversión: Compras de Bonos DPN; Rendimiento de 10% anual.					
No. Años	MQD 1,10^	Ahorro e Inversión	Rendimiento o Beneficios	Inversión mas (+) rendimiento	VP
1	2	3	4	5	6
1	1,61	3.000	1.832	4.832	4.601
2	1,46	3.000	1.392	4.392	3.984
3	1,33	3.000	993	3.993	3.449
4	1,21	3.000	630	3.630	2.986
5	1,1	3.000	300	3.300	2.586
Total	17,40%	15.000	5.147	20.147	17.607

Fuente: Elaboración propia.

En este ejemplo, se presenta una opción distinta a los depósitos bancarios, nos referimos a la adquisición de bonos de la deuda pública nacional (DPN); los cuales, entre otros, se transan en los mercados financieros. Los bonos pueden ser de Gobiernos, como también, de empresas; y están disponibles para todos, independiente del país residente del inversor y del mercado. Tales mercados existen en muchos países.

Los bonos:

Anteriormente definido como: Títulos de deuda que obliga al emisor a pagar a su tenedor, quiere decir, al que lo posea, según las condiciones del mismo. Las condiciones de un bono son: Su precio, el interés o cupones de beneficio, las fechas de inicio y de vencimiento, como también, la fecha de cortes para los pagos de los intereses o cupones; entre otras.

Esta opción es una acción directa de la identidad que existe entre los gemelos ahorro e inversión; quiere decir, que el monto del ahorro es igual al monto de la inversión, puesto que, la fuente de origen de las inversiones proviene de los ahorros; porque es el único dinero disponible para ello.

Por lo tanto, se entiende que en esta opción el ahorrador ha efectuado una inversión, con la compra de bono; distinto a ello, son los depósitos en la banca, dado que, quienes depositan sus ahorros no son los mismos los que hacen las inversiones, con dichos ahorros; por lo general, es un tercero quien invierte los ahorro de otro. Lo que significa, que el ahorrador en la banca no gana dinero, puesto que, no es inversor; mientras que, en la compra de bonos si gana dinero, dado que, si es inversor.

En este ejemplo, se presenta una inversión en bonos por la cantidad de 3.000 dólares anuales durante 5 años; tales bonos generan un rendimiento al 10% anual, los cuales, se invierten en la adquisición de más bonos, en las mismas condiciones; la inflación de la economía donde se encuentra el inversor es de 5% anual: Datos suficientes para evaluar la opción de inversión.

De primeras, la tasa de rendimiento del bono, de 10%, cubre sobradamente el deterioro causado por la tasa de inflación, de 5%, en términos porcentual; y a primera vista, en términos reales esta inversión cubre a la inflación y después de cubrir esta, genera un rendimiento real de 17,4%, lo cual, es adicional al que soporto la inflación. Ello es un beneficio sustancial, el cual, crea dinero nuevo y aumenta el capital: Es una inversión, realmente.

Naturalmente, la reinversión de los beneficios hacen crecer a las inversiones a un nivel más acelerado; al capitalizar los intereses, se forma un interés compuesto superior al que se señala de forma simple, en este caso es de 10%, para convertirse en un rendimiento real de 17,4%.

Esquema 4: **Explicativo del ejemplo 5.**

Ahora, ¿La inversión en bonos nos sirve a todos?, ¿a quienes les sirve y a quienes no?; su respuesta, según nuestro criterio, es lo que vamos a presentar en lo adelante, entre otras.

INVERSORES Y LA FORMACIÓN DE UN CAPITAL:
Para nuestro estudio, el de la generación y acumulación del ingreso; se debe establecer algunas consideraciones con el objeto de precisar las necesidades individuales de los inversores; las cuales, van a depender de la posición financiera del inversor frente a la opción de inversión en bonos, acciones, etc. por ejemplo.

La generación del ingreso a partir de las inversiones en bonos es de utilidad para dos (2) clases de inversionistas; y no para todos los inversores.

Veamos, existen diferentes opciones y proyectos de inversión, los cuales, se diferencian en la tasa de rendimiento y en el nivel de riesgo, por una parte; también, frente a ello existen unas capacidades financieras que determinan diferentes objetivos entre los inversores, es la otra parte. Ambas, las dos partes, nos permiten definir: Ahorrador, inversor principiante, inversor emprendedor e inversor consolidado; además de ello, definimos las etapas de la formación de un capital.

Definición de Inversores:
Ahorrador:
Es la persona que se encuentra en la etapa inicial de la formación de un determinado capital. Específicamente, nos referimos a los ahorradores que tienen por objetivo ser inversores; porque además de estos, hay ahorradores que no tienen tales propósitos y son también ahorradores; en tal caso, nos referimos a los que pretenden ser inversores.

Inversor Principiante:
Nos referimos a las personas que están iniciándose en la segunda etapa de la formación de un determinado capital; los cuales, se dedican a las inversiones en el mercado de valores (bonos, acciones, etc.).

Inversor Emprendedor:
Es la persona que se encuentra en la tercera etapa de la formación de un determinado capital; dedicado a la promoción de una o más empresas.

Inversor Consolidado:
Es la persona que posee un gran capital; y participa en el mercado de valores y/o en la promoción de empresas, de forma directa.

Etapas de la Formación de un Capital:
Estas etapas son: 1ª, Ahorrar en el sistema financiero, en certificados de depósitos a plazo fijo (primera semilla); 2ª, inversión en activos de valores, los bonos y acciones, entre otras opciones, y; 3ª, promoción de empresa, constituir empresas productivas.

Ello se teje así: Se debe ahorrar primero hasta alcanzar un monto que permita el avance hacia la inversión en bonos; y la inversión en bonos debe hacerse hasta alcanzar un capital que permita el avance hacia la inversión en unidades de negocios (empresas productivas). Esta guía se debe a que la inversión en bonos exhibe rendimientos más elevados a los que devengan los ahorros; y la inversión en unidades de negocios exhiben rendimientos superiores a los que se generan en los bonos.

Entonces, el propósito inmediato del ahorrador es ser inversionista de valores; y este, si es principiante, su propósito inmediato es ser un inversionista emprendedor. Veamos más sobre ello.

Saben, estas etapas están casadas y definidas con las definiciones de los inversionistas, así por ejemplo: La etapa de ahorrar se casa y define al ahorrador; de esta forma las otras también. Veamos cada uno de ellas.

1ª Etapa, Ahorrador:

Un ahorrador que tiene el propósito de formar un ahorro para invertirlo y aun no lo tiene; debe empezar por:

1º, Revisar las diferentes tasas de intereses que pagan los bancos en certificados de depósitos a plazo fijo, para ver las mejores opciones;

2º, Informarse del monto mínimo necesario para tales certificados, y;

3º, Informarse del monto mínimo necesario para avanzar hacia las inversiones en bonos; ello para tener en cuenta su próximo objetivo, además de saber cuándo deja de ser un ahorrador para convertirse en un inversionista principiante. Esta es la etapa inicial de un futuro inversor.

2ª Etapa, Inversionista Principiante:

Un inversionista que se inicia en la compra de bonos con el propósito de formar un determinado capital para promover una empresa productiva y aun no lo tiene; debe empezar por:

1º, Asesorarse en una casa de bolsa, oficina de asesores de inversión o de economistas sobre las opciones de inversión en el mundo financiero, dentro y fuera del país y los requerimientos para ello. Este paso es suficiente para operar como inversionista de valores, y;

2º, En la medida de lo posible y cuando tenga formado un capital ir pensando en alguna idea de negocio; y al clarificar esta, asesorarse con un economista para que este le fije la idea y calcule el monto mínimo necesario requerido para tal inversión; ello es para tener en cuenta su próximo objetivo; además de saber cuándo deja de ser un inversionista principiante para convertirse en un inversor emprendedor. Con este paso, el inversor se prepara para el avance hacia la promoción de una empresa.

Saben, un inversor principiante con propósitos de generar y acumular riquezas tiene la necesidad de crecer a una tasa de rendimiento más alta de la que ofrecen los bonos, para poder llegar a su objetivo: Generar y acumular riquezas, ser rico; porque como inversor principiante no lo es.

Entonces, para llegar a tal propósito, no se puede con los rendimientos que pagan los bonos, de más o menos un 10%, por ejemplo; lo que significa, que se necesita crecer con un negocio que genere rendimientos del 35%, 70% y más, para poder lograr el objetivo de: Generar y acumular riquezas. Es por ello que decimos: Que el negocio de los bonos le es perfecto solo a inversionistas que se están iniciando, hasta el momento que logran formar un determinado capital; el cual, le permita constituir una unidad de negocio: La que le conducirá a la formación de riquezas.

Recuerden, si el inversor principiante tiene la capacidad financiera para emprender y gestionar una unidad de negocio, la cual sabemos que genera una mayor rentabilidad respecto a los bonos; entonces, este no debe seguir participar en el mercado de valores con las compras de bonos o acciones. Si el objetivo del inversor es: Acumular riquezas; y este tiene el capital para convertirse en un inversionista emprendedor: Entonces, este debe asumir tal reto para los fines de su objetivo: Poseer fortuna. De esta forma acelera su crecimiento económico.

Por otra parte, en esta segunda etapa, también, se encuentran los **Inversionistas consolidados**: Porque a estos le queda perfecto las inversiones de valores, los bonos por ejemplo. Estos inversionistas poseen una gran fortuna; por ello, sus objetivos no son hacerse millonarios, porque ya lo son, entonces, sus objetivos es crecer a pasos seguros; y ello, se lo proporcionan los bonos.

3ª Etapa, Inversionista Emprendedor: Un inversionista que se inicia en la formación de empresa con el propósito de formarse una solvencia económica; se entiende que ya tiene el capital para ello; entonces, este debe empezar por: Las ideas de negocios, las aclaraciones y fijación de estas, entre el inversor y un economista, tratadas en la segunda etapa, fueron el antecedente o borrador; con ello, en esta etapa, se debe producir un proyecto que presente los estudios necesarios para fijar la viabilidad de la inversión; de ser viable, materialícese tal proyecto.

En algunos casos no se necesita elaboración de proyectos; cuando se trata de unidades de negocios muy sencillas, no se necesitan, por ejemplos, negocios de: Peluquería, servicios de mecánica, entre otros, dado que, la viabilidad de este tipo de negocio depende, entre otras, de la calificación o calidad del profesional que se ofrece para tal servicios; básicamente.

Finalmente, queremos recordarle que lo fundamental de este apartado, era diluir cualquier duda sobre lo que es inversión; como también, fundamentar la importancia de la inversión en la generación y acumulación del ingreso en las finanzas personales, en las del sector privado y en la sociedad en su conjunto. Es pues, que hemos presentado una parte de ello; en lo adelante, complementamos el poder de la inversión y la reinversión.

Analizando la generación del ingreso a partir de los gemelos ahorro e inversión; y a partir de ello una persona, familia, sociedad o país logran la generación de más ingresos. El que logre realizar verdaderas inversiones, ello le proveerá de más ingresos; lo cual es una ley natural de la economía que exhibe como trofeo: El avance de clase social y las riquezas al que se proponga convertirse en inversionista.

Gerardo E. Blanco

.

8. **LA MAQUINA DEL DINERO**: Acumulando riqueza con la reinversión (*) + la inversión

[El llegar hasta aquí, significa, que hemos estudiado: La generación del ingreso; el destino del ingreso en consumo y ahorro; y cuando ese destino fuese el ahorro; este se convierte en inversión, dado que, estos son gemelos; una vez, materializada las inversiones; estas van a generar beneficios; los cuales, al ser invertidos, entonces: Estamos en la reinversión.]

(*) La reinversión es una fuente de financiamiento de las inversiones y, por lo tanto, están dentro del estudio de las inversiones, ambas son: La Máquina del Dinero; puesto que, generan dinero nuevo.

Este apartado es una continuidad del anterior: Hablábamos de inversiones y seguimos hablando de inversiones; a ello, le sumamos la reinversión. De nuevo la virtud de la inversión y el poder de la reinversión; o virtud y poder de ambas. Esto es, invertir lo ganado hasta formar una represa de dinero, ello constituye: La Máquina de hacer Dinero; tal máquina, es el factor determinante en la generación y acumulación del ingreso.

En la práctica, la Maquina del Dinero es utilizada por los hombres de negocios, los cuales, han alcanza acumular grandes fortunas. De modo, que con ella, nosotros nos vamos a proponer enseñarles la generación del ingreso nuevo y su acumulación, en manos de las personas, familias y de la sociedad en su conjunto.

La generación y acumulación de dinero, las grandes fortunas, se deben a su entendimiento; y se deben además, al método de la ciencia del dinero, expuesto una parte en este Libro [las 12 leyes].

Su comprensión pasa por entender algunas herramientas básicas, las cuales, son inherentes a su estudio. Como por ejemplo: Las finanzas, su contenido: La Máquina del Dinero, en formula y en palabras; y los tres tamaños de la Maquina: Básica, ampliada y apalancada; mas, otras herramientas que la explican; mas, las leyes del capítulo, y; algunas consideraciones practicas; entre otras. Enseguida, nos ocupamos de ello.

Finanzas:
El estudio de las finanzas comprende el empleo del capital financiero con el propósito de financiar operaciones de inversión; lo cual, obedece a una continua búsqueda de la generación de beneficios, lo que podría signarse con el nombre de: Creación de valor, generar y acumular dinero nuevo.

Por su parte, las finanzas abarcan un área muy extensa de estudio; en la cual, se presentan una serie de herramientas necesarias para la generación del ingreso; tal generación del ingreso se debe a la inversión y reinversión. Por lo tanto, La reinversión al igual que las inversiones pertenece al estudio de las finanzas.

De momento, definimos la reinversión.

Reinversión de los Beneficios:
La reinversión es una de las fuentes del capital; la inversión de los beneficios o la inversión de las ganancias que se han producido en una inversión anterior es: La reinversión; es decir, la reinversión es la inversión de las ganancias producidas por una inversión anterior. Sencillo, el capital invertido gana dinero por estar empleado en una inversión; ese dinero ganado lo invierte de nuevo para incrementar el valor del capital; la inversión de estos beneficios es la reinversión.

La reinversión es sinónimo de capitalización de los beneficios; su nombre lo define, es convertir los beneficios en capital: Capitalización de beneficios; también, es sinónimo de la Maquina del Dinero Ampliada.

La reinversión, la capitalización de los beneficios o Maquina del Dinero Ampliada es lo que potencia el aumento del capital; y con este, la aceleración del crecimiento en las finanzas personales, familiares, empresariales y de la sociedad en su conjunto.

La magnitud del aumento del capital depende de los objetivos que se hallan planteado el sujeto inversor o los inversores. El inversor decide si sus beneficios los toma para su consumo o los reinvierte para hacer más dinero. En tal caso, los inversores, según sus objetivos, tienen tres formas o manera de operar la Maquina del Dinero. De inmediato conozcámoslas.

El Tamaño de la Maquina del Dinero, puede ser:
De cuatro (4) niveles, estos definen el grado de crecimiento de la generación y acumulación del dinero. Estos los presentamos en orden, de menor a mayor.

1ª Maquina del Dinero Básica: Y1;
[Nivel estacionado]:
Esta Máquina opera con un capital de inversión; el cual, es estático, no crece, dado que, el dinero nuevo que esta crea sale de la unidad de inversión; además de ello, no se producen nuevas inversiones. En tal caso, es un capital que genera dinero por estar empleado; pero luego, de ser generados son dedicados al consumo del in-

versor o inversores; de tal forma, que no se permite crecer, de aquí, que se señala: Nivel estacionado.

Empleo del Capital: Y_1

Sin Reinversión y sin Inversión

2ª Maquina del Dinero Ampliada: Y2; [Nivel en desarrollo]:

Por su parte, ésta se caracteriza por emplear un capital y; además de este, por la reinversión de los beneficios; los cuales se generan del empleo del capital principal. Esta Máquina está creciendo constantemente debido a la reinversión de los beneficios; lo que significa, que ésta está aumentando el capital, por ello se dice: Que está en desarrollo. Este nivel, en desarrollo, genera ingresos o dinero a una velocidad mayor que el nivel estacionado; con lo que se permite la generación y acumulación de las riquezas en el menor tiempo posible. Su uso es: Inteligencia financiera, que crear riquezas; saben, en la práctica ha sido la fórmula para hacer fortuna.

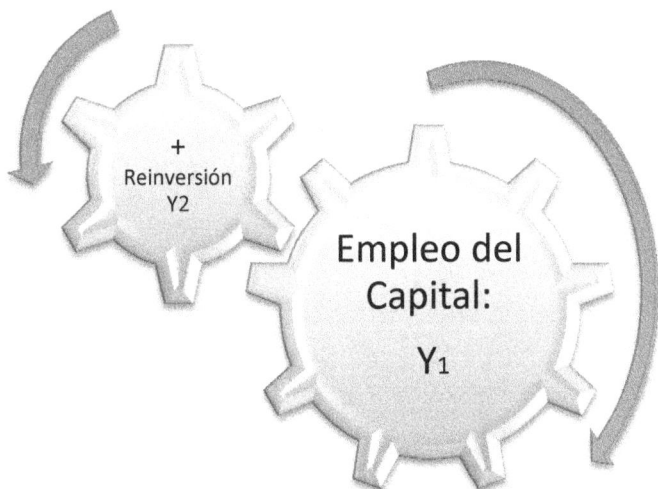

Esta Máquina les es útil a los ahorristas, a todos los inversores y a los emprendedores; lo que significa, que puede ser usada en las finanzas personales y empresariales.

En este capítulo nos ocupamos de ella porque es la fórmula más importante en las finanzas personales; y como ello, es nuestro tema: La tratamos.

3ª Maquina del Dinero Apalancada: Y3; [Nivel desarrollo máximo]:

Esta Máquina emplea, al igual que todas, un capital; más, la reinversión de los beneficios; y más, inversiones. Esta Máquina presenta el crecimiento más acelerado habido en la generación del ingreso, por ello se dice: Que su nivel es el desarrollo máximo habido. Emplearla es ser altamente inteligente y estratégico: Todos los billonarios han logrado serlo por emplearla.

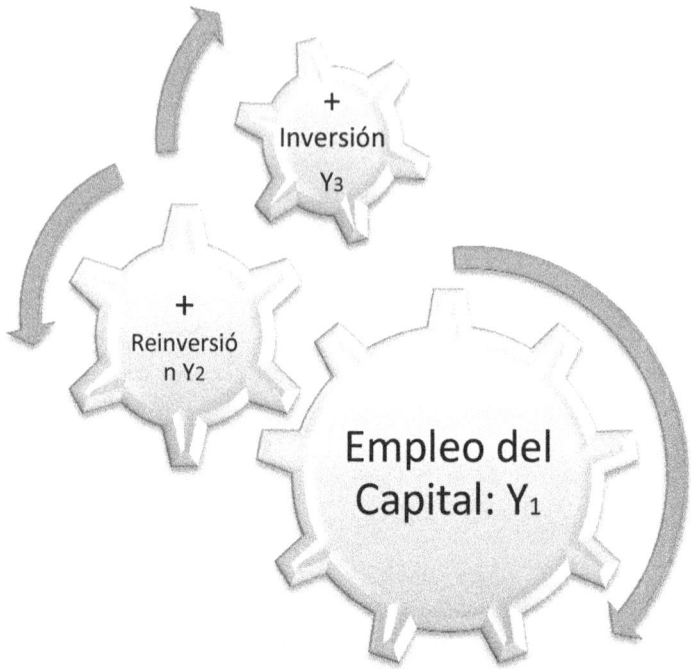

Esta Máquina solo puede ser usada en las finanzas empresariales; especialmente, en empresas bien consolidadas, dado que, para operarla se requiere financiamiento, endeudarse; y para ello, se necesita solvencia y reputación financiera. Esta es la fórmula de los billonarios.

La Máquina del Dinero Ampliada en Fórmula:

$$MQDA = C (1 + i)^n$$

Donde, **MQDA** es: la Máquina del Dinero Ampliada; también llamada: factor de crecimiento;

Donde, C es: El capital de inversión;

Donde, 1 es: La representación del capital en el factor de crecimiento;

Donde, i es: La tasa de interés o rendimiento con la que crece la inversión, y;

Donde, n es: El número de periodos que va a per-manecer la inversión.

Un ejemplo de la formula seria:

$$MQDA = C\ (1 + i)^n$$

$$MQDA = 1.000\ (1 + 0,10)^5$$

$$1.610,51 = 1.000\ (1 + 0,10)^5$$

Los datos de este ejemplo son:
Un capital de 1.000 dólares colocados en una inversión durante 5 años; el cual, crece a una tasa de interés no-minal de 10% anual durante 5 años; con reinversión de los interese durante todo el periodo (Este ejemplo, es consecuente con una inversión en bonos).

Esta inversión obtuvo una tasa de interés de 12,21% mayor a la tasa de interés nominal de 10%; ello, por efecto de la reinversión de los beneficios. Lo que signifi-ca, que el capital creció a una tasa de 12,21% inter anual superior al 10% con lo que se pactó la inversión; la diferencia positiva de: 12,21% — 10% = 2,21%; este aumento de 2,21% es producto de la reinversión de los beneficios, por una parte, he aquí: La virtud y poder de la reinversión.

Con este ejemplo estamos demostrando matemáti-camente una verdad; la cual, es que con la reinversión la tasa de rendimiento crece a mayores proporciones. Su magnitud de crecimiento se debe, además, a las veces que el beneficio se reinvierte; es decir, se debe a la reinversión, por una parte; y también, se debe al núme-ro de veces que se reinvierten (se debe al número de periodos).

Veamos, si a los datos de la inversión inicial, de este ejemplo, le cambiamos el tiempo de duración de la in-versión, el cual es de 5 años para que en vez de ello, sean 10 años (10 veces); tendríamos una nueva tasa de rendimiento, veamos las dos, la de 5 y 10 años:

Tasa de Rendim. (5) = $\frac{(1 + 0,10)^5 - 1}{5} \times 100 =$ **12,21%**

Tasa de Rendim. (10) = $\frac{(1 + 0,10)^{10} - 1}{10} \times 100 =$ **15,94%**

La otra parte de la verdad, de esta demostración matemática, es que las veces de vuelta o años que permanece una inversión junto a la reinversión, también, determinan la magnitud del crecimiento de la tasa de rendimiento.

La diferencia entre 12,21% y 15,94 = 3,73%; este aumento de 3,73% es producto del aumento de la duración de la inversión junto a la reinversión de los beneficios, es la otra parte que explica: La virtud y poder de la duración de la inversión y reinversión.

Ahora, ¿ustedes saben cuál es la tasa de rendimiento sin reinversión de los beneficios? Y sin importar, además, los años de duración de la inversión, para nuestro ejemplo:

Tasa de Rendimiento = 10%

Idéntica a la tasa nominal de 10%. Esta tasa de rendimiento la genera la Maquina del Dinero Básica, la 1ª, la del nivel estacionado; por ello, no crece ni la tasa de crecimiento ni el capital.

Que significa todo ello, que el crecimiento del capital, se ve aumentado de forma acelerada cuando se cumplen dos condiciones: 1ª, Con el empleo del capital más la reinversión de los beneficios, y; 2ª, Con la vida útil o duración de la inversión del capital. Estas condiciones, es lo que llamamos: **La Máquina del Dinero Ampliada** (en desarrollo); puesto que, crea dinero nuevo de forma acelerada; tal generación de dinero nuevo, es lo que la hace: **La Máquina del Dinero Ampliada**.

Por otra parte, la potencia de aceleración de la Maquina del Dinero, con la que crece un capital va a depender de la reinversión y duración de la inversión del capital; además de ello, depende del valor de la tasa de beneficio que ofrece una determinada inversión: Esta última, es la tercera condición; demostrémosla.

Existe una variedad de proyectos de inversión o diferentes clases de negocios, los cuales, presentan diferentes tasas de rendimientos; puesto que, no todos los negocios tienen los mismos ingresos, costos, necesidades de capital y las condiciones de mercado para el comercio de sus bienes o servicios son todas diferentes. Por lo tanto, existen diferencias en las tasas de rendimientos entre clases de negocios o inversiones.

También, en el mercado financiero existe una variedad de rendimientos que se distinguen uno del otro entre opciones. Las acciones preferentes, por ejemplo, tienen rendimientos más elevados que los bonos gubernamentales; así, las acciones, en general, y los bonos tienen tasa de rendimientos superiores a los depósitos a plazos fijos de la banca; ello entre otras comparaciones.

En tal caso, se da por entendido que en las inversiones financieras y en todos los negocios sus tasas de rendimientos son diferentes; y ello, se debe a las condiciones propias de cada sector económico y de cada opción en particular.

Las economías, en general, tienen varios sectores productivos: El industrial o febriles; distribución; servicio, y; comercio; entre otros. En cada sector existe una tasa promedio de rendimiento que indica más o menos la tasa de beneficio de dicho sector. Entre estos sectores, los señalados, el más rentable es el industrial o febril; este transforma la materia prima y la convierte en productos terminados para el consumo final; y presenta tasas de rendimientos de 200% en adelante. Mientras que, el sector transporte o distribución, puede que presente una tasa de rendimiento de 30% ó más; el sector comercio y el de servicio, tasa de rendimiento de 100% más o menos; por citar algunos.

Siguiendo una misma línea de comparación, presentamos ejemplos sobre dos sectores económicos; el transporte y el servicio o comercio; estos dos último tienen más o menos la misma tasa de rendimiento.

El sector transporte, por ejemplo; sus datos:

El capital varía según el país donde nos encontremos; la vida útil de una unidad del transporte es de 5 años; y como se sabe, tienen una tasa de rendimiento del 30% anual, durante los 5 años; con o sin reinversión de los beneficios durante todo el periodo, los 5 años [Este ejemplo, es consecuente al de un inversor emprendedor].

La tasa de rendimiento promedio anual sin reinversión para el periodo de los 5 años, en este ejemplo: Es la Maquina básica; esta es de:

Tasa de Rendimiento (5) = 30%

Mientras que, la Maquina del Dinero Ampliada presenta una tasa de rendimiento promedio anual, con reinversión, para el mismo periodo de los 5 años:

$$Tasa\ de\ Rendim.\ (5) = \frac{(1 + 0,30)^5 - 1}{5} \times 100 = 54,\mathbf{26\%}$$

Lo que significa, que el capital de la inversión crece a una tasa de 54,26% inter anual superior al 30% cuando no hay reinversión de los beneficios. La tasa sin reinversión es de 30%, al reinvertir los beneficios casi duplica esta al situarla en 54,26%: Ello es un crecimiento más acelerado y se debe: A la 3ª condición; esta es, a la magnitud de la tasa de beneficio de la inversión (30%).

En la medida que la tasa de beneficio de una inversión sin reinversión es mayor, en esa medida la tasa de rendimiento con reinversión crece en mayores proporciones; ello es lo que determina la tercera condición. Tal condición, exhibe el poder de la tasa de beneficio de la inversión y de la reinversión.

Otro ejemplo, el sector servicio o comercio:

En el sector servicio o comercio la tasa de rendimiento promedio anual sin reinversión es más o menos de:

Tasa de Rendimiento = 100%

Mientras que, la tasa de rendimiento promedio anual con reinversión de los beneficios, es decir, con la Maquina del Dinero Ampliada, para el mismo sector a 5 años, es de:

Tasa de Rendim. (5) $= \dfrac{(1 + 1)^5 - 1}{5} \times 100 = \mathbf{620\%}$

Los dos ejemplos anteriores fueron planteados con el propósito de definir la 3ª condición; la cual, se demostró. También, de estos se puede tomar una lección, esta es: Que la velocidad con que crece un capital o su tasa de rendimiento depende del sector económico y del tamaño del capital para establecer una determinada unidad de inversión y, por supuesto, de la magnitud de la tasa de beneficio de la inversión.

El punto es, que los inversores, los principiantes y los emprendedores, deben buscar proyectos de inversión con altas tasas de rendimientos en la medida de la capacidad de sus capitales; previa consideraciones de algunas otras variables [Tales consideraciones, las vamos a presentar en el segundo Libro de este Curso].

La Máquina del Dinero Apalancada:
La Máquina del Dinero Apalancada es capital de inversión más reinversión más nuevas inversiones; la cual, fomenta un aumento más acelerado de la formación del capital; y con ello, un aumento de la riqueza, lograda en el menor tiempo habido.

Esta máquina es utilizada por empresas establecidas y con reputación financiera, es decir, es utilizada por el sector productor y servicio; y no por inversionistas financieros. Dado que, esta máquina requiere el uso del crédito bancario; y ello no es posible en las inversiones financieras, porque no se puede pedir prestado para comprar bonos o acciones.

Ahora, veamos la Maquina del Dinero en palabras.

La Máquina del Dinero Ampliada, en Palabras:

En palabras, la Maquina del Dinero Ampliada, MQDA, es invertir los beneficios que produzca una inversión inicial, capitalizando dichos beneficios; esto es, convertir los beneficios en capital, para reinvertirlos y no sacarlos de la unidad de inversión, por un periodo de tiempo determinado, según sea el objetivo de su inversor: Es muy simple, nada de complicaciones.

Saben, no es un requisito saberse la fórmula matemática de la Maquina del Dinero Ampliada para generar dinero; el punto, es saber que los resultados de ella se logran a partir de la reinversión de los beneficios, ello es lo fundamental. Si este punto se cumple; se estaría operando la Maquina del Dinero Ampliada; y para ello, no necesita saber la fórmula matemática.

La fórmula matemática de la Maquina del Dinero Ampliada la presentamos solo para probar técnicamente su existencia y valides; ello, para que ustedes mismos corroboren su poder y virtud; y porque además, no queremos guiarlos a ciegas, ello sería: Decirles que tal cosa es buena, pero, no decirles el porqué. Esto es: La ciencia del dinero al alcance de todos.

En lo adelante, pasamos a recordarles la definición de stock de capital fijo; la cual, es de suma importancia para ampliar el estudio de la Maquina del Dinero Ampliada.

Stock de Capital Fijo:

Recuerden, el stock de capital fijo es la inversión en maquinarias, equipos, edificios, fábricas y transporte destinados al sector productor; y realizados en periodos anteriores al actual. De nuevo, La inversión en activos fijos dedicados a la actividad productiva realizada en periodos anterior al actual es: Stock de capital fijo.

Recordemos también, que el nivel de stock de capital fijo determina el nivel de producción; y este, determina el nivel del ingreso en la unidad productiva, en el sector privado y en la economía de forma conjunta; si crece el stock de capital fijo: También crece la capacidad de generar el producto y el ingreso.

El stock de capital fijo es: El aparato productor. Y este, es el resultado de las inversiones y reinversiones realizadas en activos fijos; estas dos, potencian el aparato productor.

Figura 4: Aparato productor de la economía, representación gráfica.

Las inversiones y reinversiones determinan el crecimiento del stock de capital; y el stock de capital determina el nivel de producción; y este, a su vez, determina la generación del ingreso. Es pues, que del stock de capital, de las reinversiones e inversiones se determina la generación y acumulación del ingreso.

Ahora, ocupémonos de dos modos del stock de capital fijo.

Stock de Capital Fijo en Modo de Circulo: (*)
En principio, veamos la definición de círculo.

Circulo: En geometría: "es el área o superficie plana contenida dentro de la circunferencia."

(*) Es la Maquina del Dinero Básica.

Figura 5: Representación gráfica de circulo.

El círculo nos da la idea de que sea lo que este ahí en ese espacio, es algo cerrado; de lo que entendemos es, que circulo es sinónimo de cerrado. Esta apreciación se presenta con el propósito de explicar: Un modo de stock de capital fijo; el cual, es cerrado en forma de círculo.

En general, este modo de stock de capital fijo es estático, quiere decir, que no se mueve siempre es el mismo, dado que, los beneficios que se generan del stock de capital salen de la unidad de negocio, una vez generados; es decir, el inversor toma sus ganancias una vez que se generan; además, en este modelo no se hacen nuevas inversiones. Ello constituye un modo de círculo cerrado del stock de capital; el cual, implica dos condiciones: Ausencia de reinversión e inversión; estas lo caracterizan. Lo de cerrado, se debe a que el stock de capital no crece, está cerrado al aumento del mismo; este modo es: La Máquina del Dinero Básica.

Ahora, cual es el motivo por el cual este modo o Maquina del Dinero Básica se queda estacionado; veamos, existen varios motivos que justifican este modo, uno de ello es: Cuando una unidad de negocio está en un determinado mercado; y este mercado, está en situación de equilibrio, quiere decir, que el mercado está en equilibrio cuando las posibilidades de lucro son cero; significa, que el mercado ya está saturado y ha alcanzado su límite o tamaño máximo y, por ende, el capital no puede crecer más, dado que, no tiene los incentivos para ello. En tal caso, el aumento de capital no produce beneficios y, por lo tanto, no puede haber reinversión e inversión. (*)

(*) Claro, pueden existir otros motivos, como por ejemplo, incertidumbre, expectativas negativas de la demanda, etc. Para los fines de este estudio es suficiente las consideraciones hechas.

Efectivamente, cuando un mercado está en el punto donde no puede crecer más, entonces, se detiene la reinversión e inversión en ese mercado: El capital no se mueve se queda en equilibrio. En esta situación se justifica un stock de capital fijo en modo de círculo (Maquina del Dinero Básica); dado que, los motivos que incentivan una inversión y reinversión, la generación de más beneficios, han desaparecidos; en ese punto no se puede invertir.

Otro motivo, no para el mercado, pero si para algún inversor en particular. Es que algunos no se plantean el objetivo de crecer si ello es a base de reinversión de beneficios o de más inversiones, de existir la posibilidad de crecimiento; dado que, tales inversores valoran más el uso de sus beneficios para sus consumo, en el presente, que proponerse un crecimiento del stock de capital a costa de sacrificar su necesidad de consumo.

De esta forma, un inversor en particular podría no tener la necesidad de crecer y se ubica en un: Círculo del stock de capital. De lo que se entiende es, que la acumulación de capital o riqueza no es su necesidad; sino más bien, su necesidad es el consumo del presente; o, simplemente, no se ha planteado el crecimiento de su capital, por ello se ubica en la Maquina del Dinero Básica.

Así, como hemos visto el stock de capital fijo en modo de círculo; ahora, veámoslo en modo de espiral.

Stock de Capital Fijo en Modo de Espiral: (*)
De momento, revisemos el concepto de espiral.

Espiral: Es, según el diccionario: "Línea curva que da indefinidamente vueltas alrededor de un punto, alejándose de él más en cada una de ellas."

(*) Es la Maquina del Dinero Ampliada y Apalancada.

Figura 6: Representación gráfica de espiral.

A primera vista, la espiral se ve como un círculo abierto en crecimiento que parte de un punto hasta infinitos puntos hallados en la línea circular en forma ascendente.

Ahora, ¿qué es el stock de capital fijo en modo espiral?; veámoslo. El stock de capital fijo en modo espiral es el aumento progresivo del stock de capital fijo; esto es, las continuas y progresivas reinversiones y/o inversiones de activos fijos, en una unidad productiva, constituyen un aumento constante del stock de capital fijo; ello, es lo que llamamos: En modo de espiral; también es: La Máquina del Dinero Ampliada o Apalancada.

En efecto, la característica principal del stock de capital fijo en modo espiral es su aumento progresivo; y se debe, a la reinversión de los beneficios, por una parte, también, se debe a las inversiones. Tal modo, obedece a una política de crecimiento; la cual, pretende aprovechar los rendimientos para ampliar el stock de capital fijo; y con ello, generar una mayor generación del producto y, por ende, del ingreso; ello, con el propósito de acumular una mayor riqueza.

En la medida que el stock de capital fijo crece, en esa medida aumenta los beneficios, en variadas proporciones; por ello, es que se pretende la ampliación del stock de capital fijo. Esta política de ampliación obedece a objetivos planteados por parte de los inversores. En el caso de inversores agresivos; estos, tienen objetivos definidos, como: El posicionamiento de un determinado mercado o el acumular una determinada fortuna; para ello, posponen el goce y disfrute de sus beneficios en el presente para un futuro próximo, en pro de sus objetivos: Poseer un mayor capital al que se tiene en el menor tiempo posible.

En el caso de inversores pasivos; estos, no se plantean el objetivo de crecer si ello es a base de reinversión de beneficios o de más inversiones, de existir la posibilidad de crecimiento; dado que, tales inversores valoran más el uso de sus beneficios para su consumo, en el presente, que un crecimiento del stock de capital fijo. De tal manera, que un inversor pasivo al no tener la necesidad de crecer, ubica: El stock de capital fijo en modo de círculo; y no en modo espiral; y de invertir en el modo espiral, lo hace de forma tímida.

Enseguida, presentamos la 11ª Ley y las consideraciones prácticas.

12ª
LEY

CONOCE LA VIRTUD DE LA REINVERSIÓN.

LA MAQUINA DEL DINERO AMPLIADA OPERA CON EL STOCK DE CAPITAL Y LA REINVERSIÓN, EN MODO ESPIRAL; Y ESTA, SE PROPONE LA FORMACIÓN DE MAS CAPITAL; CON ELLA, SE GARANTIZA UN MAYOR NIVEL DEL PRODUCTO Y, POR ENDE, DE MAS INGRESOS; CON EL QUE SE GENERA UNA MAYOR RIQUEZA.

CON LA REINVERSIÓN LA MAQUINA DEL DINERO ACELERA EL CRECIMIENTO Y LA ACUMULACIÓN DE LA RIQUEZA, POR LO QUE SI SE QUIERE SUPERAR, LAS FINANZAS, DEBEN CONSIDERARLA.

CONSIDERACIONES PRÁCTICAS

Saben, una cosa es la generación del ingreso; y otra, es su acumulación. Son dos cosas distintas, porque generar ingresos es: Que nos formemos en conocimiento y capacidad para el trabajo; que empleemos los factores productivos en posesión; y con ello, produzcamos algún bien o servicio; con el cual, se genera el ingreso. Mientras que, la acumulación del ingreso es: Sacrificar el consumo del presente y, en su lugar, ahorrarlo para reinvertirlo; y con ello, lograr acumularlo. Ciertamente, se puede estar preparado para generar ingresos; pero, no necesariamente para acumularlo.

Difícilmente, una persona, familia, sociedad o país podrá alcanzar alguna mejora en la posesión de riqueza o avance de clase: Si no se han planteado tal objetivo, y; si no sacrifican parte del consumo para invertirlo y reinvertirlo. En tal caso, como podría alguien alcanzar tal objetivo: No puede.

El puntos es, entre otros, que: Ahorrar no es guardar dinero hoy para gastarlo mañana, por lo menos, no de inmediato; si se prevé un ahorro es porque tenemos la idea de invertirlo y reinvertirlo para generar y acumular más ingresos de los que generamos hoy. Tener ello en claro es fundamental, porque con ello nos garantizarnos una mejor vida; y de no tenerlo en claro, entonces, no se podrán alcanzar tales objetivos. En su efecto, debemos sacrificar consumo para ahorrar e invertirlos y reinvertirlos; con el objeto de lograr acumular ingresos; y con ello, poder avanzar a clases superiores y, en lo posible, alcanzar las riquezas.

En general, el que reinvierte sus beneficios con el objeto de acumular riquezas es porque tiene conocimiento de la Maquina del Dinero, por lo menos en términos reales; es decir, sabe y ve un crecimiento significativo de sus inversiones, tal vez, no en términos de fórmulas, pero, si constata un crecimiento real; y ello, es lo importante, porque no se necesita saber la fórmulas matemáticas para generar y acumular ingresos: Solo se necesita hacer ahorros, inversiones y reinversiones.

Ahora, entendemos que la máquina del dinero no se usa por casualidad o porque no se sabe lo que se hace: Se usa porque se conoce su potencial generador y acumulador de fortuna y, por lo tanto, el inversor que la emplea tiene conciencia de ella.

En síntesis, el propósito de generar y acumular riquezas, se fundamenta en: 1º, en una disciplina para ahorrar constantemente; 2º, saber que es inversión realmente y donde se debe ahorrar y al mismo tiempo invertir, ello mientras se forma un capital para generar una unidad productiva; 3º, cuando se tiene un programa de inversión en ejecución debe tenerse, también, un nuevo proyecto de inversión en estudio, el cual, garantice la continuidad del crecimiento de los beneficios; un ejemplo: Si un inversor emprendedor empieza con una tienda de zapatos se espera que, por lo menos, termine con una cadena de tiendas; y como máximo, que termine con negocios en otras industrias.

Analizando la reinversión y la inversión; y partiendo de ella una persona, familia, sociedad o país pueden lograr la generación y acumulación de las riquezas. El que logre sacrificar el consumo de sus beneficios para realizar la reinversión, ello le garantizara un mayor ingreso en el futuro; lo cual es una ley natural de la economía, que exhibe como trofeo: El avance de clase social y las riquezas al que de forma objetiva y estratégica se proponga un stock de capital en modo espiral; el cual, acelera el crecimiento económico en el menor tiempo habido.

12.1ª
LEY

ASEGÚRATE DE DOMINAR LOS PRINCIPIOS BÁSICOS DE LAS FINANZAS.

LA GENERACIÓN DEL INGRESO Y LA ACUMULACIÓN DE RIQUEZAS SOLO PUEDE LOGRARSE A PARTIR DE LA EDUCACIÓN E INTELIGENCIA FINANCIERA; Y ELLA, SE LOGRA A PARTIR DEL CONOCIMIENTO SOBRE FINANZAS; LO CUAL IMPLICA: SABER SUS PRINCIPIOS.

CONSIDERACIONES PRÁCTICAS

Todo lo que hemos desarrollado sobre inversión y reinversión pertenece al mundo de las finanzas; en esta área, es donde se halla la Maquina del Dinero; y no solo ésta, sino también muchas otras herramientas, fundamentales para la generación y acumulación de las riquezas.

El conocimiento de finanzas en los millonarios; no se origina de un título formal en economía o de un máster en finanzas; estos, no poseen tales títulos; y a pesar de ello, son expertos de las finanzas, conocen sus leyes y principios, entre otras; no de forma técnica ni matemáticamente, pero, si el significado de las cosas y para qué son; y ello, para sí mismo le es suficiente, lo más complejo se lo dejan a su asesor especialista. Tal conocimiento en estos, es la visión estratégica promotora de las riquezas; dado que, con él se está mejor preparado para ver lo que otros no ven y, por lo tanto, se pueden aventajar ampliamente en los mercados.

En principio, ¿qué nos dice ello?: Que no se necesita tener un título para saber de lecciones, leyes y principios en economía y finanzas; lo que si necesitamos es: Tener disposición y objetivos para proponernos su aprendizaje; y lo podemos lograr, leyendo el tema de mano de su especialista natural, los economistas y financieros; ello para asegurarnos que lo que leamos se proponga el conocimiento objetivo, cierto y verdadero.

Recuerden, que la plataforma de todo desarrollo económico, avance de clase social, generación y acumulación del ingreso es la combinación de conocimiento económico; más, financiero; y más su profesión o técnica, cualquiera en particular; de esta combinación, es de donde se fundamentan las ideas que originan bienes o servicios; y con ello, la generación de dinero nuevo, el avance de clase social y las riquezas.

Finalmente, el propósito de estos dos últimos capítulos, el de inversión y reinversión, consistía en presentar la importancia de ellos en la generación del valor, en el avance de clase social y en la creación de las riquezas; y ello, se ha cumplido.

Analizando el valor de las finanzas; y partiendo de ello, una persona, familia, sociedad o país pueden lograr la generación y acumulación de riquezas. El que logre saber sus leyes, lecciones y principios básicos, ella le aventajara en los mercados; lo cual es una ley natural de la economía, que exhibe como trofeo: El avance de clase social y las riquezas al que se proponga su conocimiento.

Epílogo

...

Por ultimo

He trabajado con dedicación para que este libro los enseñe, los asesore y los guie. Recuerden, que todos necesitamos de los expertos; y Yo siempre los he leído, en mi experiencia, ellos son mis tutores, sus obras son escenarios de conversaciones, que sus autores mantienen conmigo, cuando Yo necesito una guía, asesoría o consejo lo hago con mis tutores: Abro su libro; es lo que me he propuesto con ustedes: Darles una guía, asesoría y consejo; espero que este libro les halla sido de gran ayuda.

Saben, no es fácil despedirse, cuando ha habido un compromiso placentero con alguien; pero, esta despedida es breve: Nos vemos en el próximo libro...

"Nadie sabe de lo que es capaz hasta que lo intenta"

(Publio Siro)

Econ. Gerardo E. Blanco
www.GerardoBlanco.com
www.SuperaTuClaseSocial.com

Gerardo E. Blanco

SOBRE EL AUTOR

GERARDO E. BLANCO

Economista venezolano, ha venido trabajando en el estudio de la capacidad de la generación y acumulación del dinero.

Según la cual: el desarrollo de la capacidad humana determina las necesidades; y estas, determinan la actividad del hombre; y ambas son determinantes; dado que, si el individuo no tiene capacidad de algo, no admite la necesidad y, por lo tanto, no genera la actividad; y sin actividad no se podría determinar ingresos.

Aunado a ello, las variables sociales donde vive, trabaja, se forma y mundo intelectual de las personas determinan las necesidades; y estas, se dijo, son determinantes del ingreso.

A estas se le suma, el orden de las etapas económicas (formación, empleo y cesantía del factor trabajo) y biológicas (crecimiento y reproducción) de las personas, las cuales son determinantes; dado que, si trasponen el orden o lo mantienen; con ello, determinan el nivel de desarrollo de su capacidad; y con esta, la necesidad y la actividad; y estas, se dijo, son determinante de la generación del dinero y, por ende, del estancamiento o superación de las clase social.

Blanco nació en Caracas y estudió en la Universidad Santa María. Es promotor de una mejor distribución del ingreso fundada en una verdadera educación financiera-económica; dado que, ha señalado como uno de los problemas de la pobreza y de la involución económica: El mal manejo, por desconocimiento, de la microeconomía y finanzas.

Es autor del libro **Supera tu Clase Social**, el cual, revela el nuevo concepto de desarrollo en las finanzas personales. Actualmente, el economista continúa escribiendo, asesorando y capacitando a las clases trabajadoras, a emprendedores, a empresarios y a la sociedad en su conjunto, promoviendo el desarrollo de sus finanzas.

www.GerardoBlanco.com
www.SuperaTuClaseSocial.com

Bibliografía citada

Academia de Ciencias Pedagógicas de la R.S.S.F.R., (1960). Enciclopedia de Psicología: Tomo I Psicología. (4ª ed.). México: Editorial Grijalbo.

Arias, F. (2006). El proyecto de investigación (5ª ed.). Caracas: Episteme.

Bunge, Mario (1995). La ciencia su método y su filosofía. (4a. ed.). Buenos Aire: Editorial Sudamericana.

Instituto Mundial para la Investigación de Desarrollo Económico de la Universidad de las Naciones Unidas (UNU-WIDER) [2006]. La Distribución Mundial de las Riqueza de los Hogares. En: www.wider.unu.edu

Ortín y Ballester (2009). Cuentos que curan. (4a. ed.). España: Editorial Océano.

Palma, Douglas (1997). 150 Biografías de hombres notables del mundo. (2ª ed.). Caracas: Panapo.

Real Academia Española (1998). Diccionario de la Lengua Española. (14ª ed. Electrónica): Espasa Calpe, S.A.

Stephen Covey. Los 7 hábitos de la gente altamente efectiva. Colombia: Paidos.

www.ingramcontent.com/pod-product-compliance
Lightning Source LLC
Chambersburg PA
CBHW031832090426
42741CB00005B/217